COLECCIÓN POPULAR

152

EL LIBRO DE LA IMAGINACIÓN

El libro de la
IMAGINACIÓN

Selección de
EDMUNDO VALADÉS

FONDO DE CULTURA ECONÓMICA

Primera edición,   1976
  Vigésima reimpresión, 2015

Valadés, Edmundo (selec.)
    El libro de la imaginación / selección de Edmundo Valadés. —
México : FCE, 1976
        274 p. ; 17 × 11 cm — (Colec. Popular ; 152)
        ISBN 978-968-16-0532-2

    1. Cuentos — Antología 2. Literatura — Antología I. Ser. II. t.

LC PN 6095 .55   Dewey M863 V1361

Distribución mundial

D. R. © 1976, Fondo de Cultura Económica
Carretera Picacho-Ajusco, 227; 14738 México, D. F.
www.fondodeculturaeconomica.com
Empresa certificada ISO 9001:2008

Comentarios: editorial@fondodeculturaeconomica.com
Tel.: (55)5227-4672. Fax: (55)5227-4640

ISBN 978-968-16-0532-2

Impreso en México • *Printed in Mexico*

ADVERTENCIA

Esta antología propone al lector un viaje a portentos y prodigios imaginativos. Se han espigado más de cuatrocientos textos breves, en los que sus autores, de todos los tiempos, concretaron, con precisión y brevedad admirables, agudezas, ficciones, epigramas, que hacen un todo fascinante y en los que se derrama, pródigamente, un arte conciso extraordinario, se redondean gracias, se levantan inverosimilitudes formidables, se animan colisiones entre realidad y fantasía, y por los cuales transcurren mujeres, amor, enigmas, sueños, espejos, milagros, fantasmas, utopías, magias, el cielo, el infierno y lo que el ingenio de quienes los escribieron trata de explicar o fundar sobre lo que está más allá de lo visible o comprobable. Es, al fin, un libro que se explica por sí mismo. No necesita más advertencias o informaciones.

ENIGMAS

No es de fácil alcance tu oráculo.
Esquilo

Página asesina

En un pueblo de Escocia venden libros con una página en blanco perdida en algún lugar del volumen. Si un lector desemboca en esa página al dar las tres de la tarde, muere.

Julio Cortázar: *Historias de cronopios y de famas*

La advertencia

En las Islas Canarias se levantaba una enorme estatua de bronce, de un caballero que señalaba, con su espada, el Oeste. En el pedestal estaba escrito: "Volveos. A mis espaldas no hay nada."

R. F. Burton: *1001 nights*

El que no tiene nombre

Yo soy el que todo lo ve, el que todo lo sabe, el que todo lo dice.

Yo vi a Dios hacer el mundo y hacer al hombre. Y

9

después vi al hombre hacer su primera fogata, su primera ciudad, su primera guerra.

He conocido a los profetas. He visto nacer y morir a reyes, campesinos, mártires y traidores.

Todo lo que ha ocurrido en la realidad y en los sueños de los hombres, lo he visto y lo he contado.

Yo soy el personaje sin nombre que aparece en todos los libros. El que empieza diciendo: Había una vez. . .

Fermín Petri Pardo

EL CASTILLO

Así llegó a un inmenso castillo, en cuyo frontispicio estaba grabado: "A nadie pertenezco, y a todos; antes de entrar, ya estabas aquí; quedarás aquí, cuando salgas."

Diderot: *Jacques El fatalista*

LA VOZ

Oi entonces una voz semejante al trueno. Me acerqué. . . y la visión me dirigió estas palabras: "Yo soy idéntico a ti, y tú eres idéntico a mí; donde tú estás, estoy yo, y estoy en todas las cosas; cuando tú lo deseas, tú me recibes, pero al recibirme a mí, te recibes a ti mismo."

Evangelio de Eva, citado por Alexandro Jodorowsky

EL VELO

La estatua de la diosa, en Saís, tenía esta inscripción enigmática: "Soy todo lo que ha sido, lo que es, todo lo que será, y ningún mortal —hasta ahora— ha alzado mi velo.

Plutarco: *De Isis y Osiris*

El enigma

El gran mago planteó esta cuestión:

—¿Cuál es, de todas las cosas del mundo, la más larga y la más corta, la más rápida y la más lenta, la más divisible y la más extensa, la más abandonada y la más añorada, sin la cual nada se puede hacer, devora todo lo que es pequeño y vivifica todo lo que es grande?

Le tocaba hablar a Itobad. Contestó que un hombre como él no entendía nada de enigmas y que era suficiente con haber vencido a golpe de lanza. Unos dijeron que la solución del enigma era la fortuna, otros la tierra, otros la luz. Zadig consideró que era el tiempo.

—Nada es más largo, agregó, ya que es la medida de la eternidad; nada es más breve ya que nunca alcanza para dar fin a nuestros proyectos; nada es más lento para el que espera; nada es más rápido para el que goza. Se extiende hasta lo infinito, y hasta lo infinito se subdivide; todos los hombres le descuidan y lamentan su pérdida; nada se hace sin él; hace olvidar todo lo que es indigno de la posteridad, e inmortaliza las grandes cosas.

Voltaire

ALGUNOS SUEÑOS

> . . . ¿quién sabe si esta otra mitad de la vida
> en que creemos estar despiertos, no es sino
> un sueño un poco diferente del primero, del
> que despertamos cuando creemos dormir?
>
> PASCAL

EL SUEÑO DE LA VIRGEN

Cuando dijo "sí", tendida en el pasto, descubrió que
soñaba; pero era demasiado tarde.

Tomás Arauz

EL DINOSAURIO

Cuando despertó, el dinosaurio todavía estaba allí.

Augusto Monterroso: *Obras Completas (y otros cuentos)*

PARODIA SINIESTRA

Nihil (novum sub solem) obstat: Titus Mons Roseus.
    Cuando Nicaragua despertó, Somoza todavía estaba
allí.

Carlo Antonio Castro

12

LA PRUEBA

Si un hombre atravesara el Paraíso en un sueño, y le dieran una flor como prueba de que había estado ahí, y si al despertar encontrara esa flor en su mano . . . ¿entonces qué?

S. T. Coleridge

EL PRINCIPIO

"Tu suerte está echada", dijo, al tiempo que rodaba mi cabeza. Y aquí, mirando arriba mientras se me escapan las fuerzas, quiero creer que sueño. Pero el sueño comienza ahora; voy a dormir.

Óscar González

LA CREACIÓN DE EVA

Ésta se llamará varona *porque del hombre ha sido tomada (Génesis)*

Adán se sintió invadido por un profundo sopor. Y durmió. Durmió largamente, sin soñar nada. Fue un largo viaje en la oscuridad. Cuando despertó, le dolía el costado. Y comenzó su sueño.

Álvaro Menén Desleal: *Cuentos breves y maravillosos*

EL SUEÑO DE CHUANG-TZU

Chuang-Tzu soñó que era una mariposa y no sabía al
despertar si era un hombre que había soñado ser una
mariposa o una mariposa que ahora soñaba ser un hombre.

Hebert Allen Giles: Chuang-Tzu

LA INCRÉDULA

Sin mujer a mi costado y con la excitación de deseos
acuciosos y perentorios, arribé a un sueño obseso. En él
se me apareció una, dispuesta a la complacencia. Estaba
tan pródigo, que me pasé en su compañía de la hora nona
a la hora sexta, cuando el canto del gallo. Abrí luego los
ojos y ella misma, a mi diestra, con sonrisa benévola, me
incitó a que la tomara. Le expliqué, con sorprendida y
agotada excusa, que ya lo había hecho.

—Lo sé —respondió—, pero quiero estar cierta.

Yo no hice caso a su reclamo y volví a dormirme,
profundamente, para no caer en una tentación irregular y
quizás ya innecesaria.

Edmundo Valadés: Las dualidades funestas

UN SUEÑO

Muchas veces he tenido el mismo sueño . . . me parece
que debo bailar ante ti; llevo un vestido etéreo, y tengo la
sensación de que todo me va a salir bien; la multitud se
aprieta a mi alrededor. Te busco con los ojos: ahí estás,
sentado enfrente; parece que te preocupa otra cosa, y no

te fijas en mí; pero avanzo hacia ti calzada de oro, mis mangas de plata cuelgan negligentemente, y espero. Levantas la cabeza, tu mirada se detiene en mí; a pasos ligeros, trazo círculos mágicos; tú ya no quitas de mí los ojos, obligado a seguirme en todas mis evoluciones, y tengo la sensación de un éxito triunfal. Todo lo que apenas adivinas te lo hago ver por mis movimientos, y estás sorprendido de esa sabiduría que mi danza describe para ti. Luego me sacudo de mis hombros mi manto impalpable, te muestro mis alas y me elevo en el espacio. Me encanta ver cómo me sigues con los ojos; después, dulcemente, vuelvo a bajar y caigo entre tus brazos, que me estrechan. .

Bettina a *Goethe*

TRASPASO DE LOS SUEÑOS

De pronto dejó de tener pesadillas y se sintió aliviado, pues habían llegado ya a ser una proyección obsedante en las paredes de su alcoba.

Descansado y tranquilo en su sillón de lectura, el criado le anunció que quería verle el señor de arriba.

Como para la visita de un vecino no debe haber dilaciones que valgan, le hizo pasar y escuchó su incumbencia:

—Vengo porque me ha traspasado usted sus sueños.

—¿Y en qué lo ha podido notar?

—Como vecinos antiguos que somos, sé sus costumbres, sus manías y sobre todo sé su nombre, el nombre titular de los sueños que me agobian a mí, que no solía soñar . . . Aparecen paisajes, señoras, niños con los que nunca tuve que ver. . .

—¿Pero cómo ha podido pasar eso?

—Indudablemente, como los sueños suben hacia

arriba como el humo, han ascendido a mi alcoba, que está encima de la suya . . .

—¿Y qué cree usted que podemos hacer?

—Pues cambiar de piso durante unos días y ver si vuelven a usted sus sueños.

Le pareció justo, cambiaron, y a los pocos días los sueños habían vuelto a su legítimo dueño.

Ramón Gómez de la Serna: *Caprichos*

¿POR QUÉ?

En el sueño, fascinado por la pesadilla, me vi alzando el puñal sobre el objeto de mi crimen.

Un instante, el único instante que podría cambiar mi designio y con él mi destino y el de otro ser, mi libertad y su muerte, su vida o mi esclavitud, la pesadilla se frustró y estuve despierto.

Al verme alzando el puñal sobre el objeto de mi crimen, comprendí que no era un sueño volver a decidir entre su vida o mi libertad, entre su muerte o mi esclavitud.

Cerré los ojos y asesté el golpe.

¿Soy preso por mi crimen o víctima de un sueño?

Edmundo Valadés

EL CUENTO SOÑADO

¿ . . . Y si, como yo soñé haber escrito este cuento, quien lo lee ahora simplemente sueña que no lo lee?

Álvaro Menén Desleal: *Cuentos breves y maravillosos*

16

Cuando estaba solo, José Arcadio Buendía se consolaba con el sueño de los cuartos infinitos. Soñaba que se levantaba de la cama, abría la puerta y pasaba a otro cuarto igual, con la misma cama de cabecera de hierro forjado, el mismo sillón de mimbre y el mismo cuadrito de la Virgen de los Remedios en la pared del fondo. De ese cuarto pasaba a otro exactamente igual, cuya puerta abría para pasar a otro exactamente igual, y luego a otro exactamente igual, hasta el infinito. Le gustaba irse de cuarto en cuarto, como en una galería de espejos paralelos, hasta que Prudencio Aguilar le tocaba el hombro. Entonces regresaba de cuarto en cuarto, despertando hacia atrás, recorriendo el camino inverso, y encontraba a Prudencio Aguilar en el cuarto de la realidad. Pero una noche, dos semanas después de que lo llevaron a la cama, Prudencio Aguilar le tocó el hombro en un cuarto intermedio, y él se quedó allí para siempre, creyendo que era el cuarto real.

Gabriel García Márquez: Cien años de soledad

Termidor

La conspiración para terminar con la ola de violencia ha sido descubierta. Después de un juicio sumarísimo, me espera la guillotina. El populacho enardecido, grita y apedrea la carreta en que atado de manos soy conducido al cadalso. El rugido que percibo es semejante al de un gran bosque sacudido por la tempestad, como si se hermanaran las furias del cielo y de la tierra. Me vendan los ojos y el verdugo me hace arrodillar. Apenas, entre el batir de los tambores, puedo oir el ruido seco y silbante de la cuchilla que cae sobre mi cuello. Mi cabeza rueda debajo de la cama. Mi esposa enciende la lámpara en la mesita de noche y, sin poder dominarse, grita, grita, presa de terror infinito. Mi sueño ha terminado.

José Rafael Blengio P.

DE SUEÑO

—No soy un hombre real. No soy un hombre como los otros, un hombre con huesos y músculos, un hombre generado por hombres. Yo soy —y quiero decirlo a pesar de que tal vez no quiera creerme— yo no soy más que la figura de un sueño. Una imagen de Shakespeare es, con respecto a mí, literal y trágicamente exacta: ¡Yo soy de la misma sustancia de que están hechos los sueños! Existo porque hay uno que me sueña, hay uno que duerme y sueña y me ve obrar y vivir y moverme y en este momento sueña que yo digo todo esto. Cuando ese uno empezó a soñarme, yo empecé a existir; cuando se despierte cesaré de existir. Y soy una imaginación, una creación, un huésped de sus largas fantasías nocturnas. El sueño de este uno es tan intenso que me ha hecho visible incluso a los hombres que están despiertos. Pero el mundo de la vigilia no es el mío. Mi verdadera vida es la que discurre lentamente en el alma de mi durmiente creador.

Giovanni Papini

LA PESADILLA

Dios dormía inquieto, se convulsionaba en su sueño, sudaba y, de seguro, sufría.

Las bombas empezaron a caer, los hongos a levantarse,

siniestros. El universo entero estaba en llamas, todo se derrumbaba entre gritos de rabia y ayes de agonía. . .

Dios abrió los ojos, jadeaba; suspiró aliviado, estaba despierto, la pesadilla había terminado.

Agustín Cortés Gaviño

¡Es un sueño!

Resistí el ataque, moviéndome desesperadamente. El horror que dominaba mis sentidos, luchaba en la penumbra de la habitación con el brillo de las fauces, el furor de los ojos. El dolor de las dentelladas aumentó mis fuerzas. Gemí. ¡Es un sueño! y desperté.

La vigilia era tan atroz como el sueño (o a resultas de él); voraces ratas se disputaban mi cuerpo. Grité: ¡Es un sueño! y desperté.

Con los ojos vendados y ante la última voluntad de mi verdugo murmuré: "¡Es un sueño!"

Rubén Darío César

Río de los sueños

Yo, por ejemplo, misántropo, hosco, jorobado, pudrible, inocuo exhibicionista, inmodesto, siempre desabrido o descortés o gris o tímido según lo torpe de la metáfora, a veces erotómano, y por si fuera poco, mexicano, duermo poco y mal desde hace muchos meses, en posiciones fetales, bajo gruesas cobijas, sábanas blancas o listadas, una manta eléctrica o al aire libre, según el clima, pero eso sí, ferozmente abrazado a mi esposa, a flote sobre el río de los sueños.

Gustavo Sainz

Aquella noche, en la hora de la rata, el emperador soñó que había salido de su palacio y que en la oscuridad caminaba por el jardín, bajo los árboles en flor. Algo se arrodilló a sus pies y le pidió amparo. El emperador accedió; el suplicante dijo que era un dragón y que los astros le habían revelado que al día siguiente, antes de la caída de la noche, Wei Cheng, ministro del emperador, le cortaría la cabeza. En el sueño, el emperador juró protegerlo.

Al despertarse, el emperador preguntó por Wei Cheng. Le dijeron que no estaba en el palacio; el emperador lo mandó buscar y lo tuvo atareado el día entero, para que no matara al dragón y hacia el atardecer le propuso que jugaran al ajedrez. La partida era larga, el ministro estaba cansado y se quedó dormido.

Un estruendo, conmovió la tierra. Poco después irrumpieron dos capitanes, que traían una inmensa cabeza de dragón empapada en sangre. La arrojaron a los pies del emperador y gritaron: Cayó del cielo.

Wei Cheng, que había despertado, la miró con perplejidad y observó: Qué raro, yo soñé que mataba a un dragón así.

Wu Ch'eng-en (c. 1505-c. 1580)

El ciervo escondido

Un leñador de Cheng se encontró en el campo con un ciervo asustado y lo mató. Para evitar que otros lo descubrieran, lo enterró en el bosque y lo tapó con hojas y ramas. Poco después olvidó el sitio donde lo había ocultado y creyó que todo había ocurrido en un sueño. Lo contó, como si fuera un sueño, a toda la gente. Entre los oyentes hubo uno que fue a buscar el ciervo escondido y lo encontró. Lo llevó a su casa y dijo a su mujer:

—Un leñador soñó que había matado un ciervo y olvidó dónde lo había escondido y ahora yo lo he encontrado. Ese hombre sí que es un soñador.

—Tú habrás soñado que viste un leñador que había matado un ciervo. ¿Realmente crees que hubo un leñador? Pero como aquí está el ciervo, tu sueño debe ser verdadero —dijo la mujer.

—Aun suponiendo que encontré el ciervo por un sueño —contestó el marido— ¿a qué preocuparse averiguando cuál de los dos soñó?

Aquella noche el leñador volvió a su casa, pensando todavía en el ciervo, y realmente soñó, y en el sueño soñó el lugar donde había ocultado el ciervo y también soñó quien lo había encontrado. Al alba fue a casa del otro y encontró el ciervo. Ambos discutieron y fueron ante un juez, para que resolviera el asunto. El juez le dijo al leñador:

—Realmente mataste un ciervo y creíste que era un sueño. Después soñaste realmente y creíste que era verdad. El otro encontró el ciervo y ahora te lo disputa, pero su mujer piensa que soñó que había encontrado un ciervo que otro había matado. Luego, nadie mató al ciervo. Pero como aquí está el ciervo, lo mejor es que se lo repartan.

El caso llegó a oídos del rey de Cheng y el rey de Cheng dijo:

—¿Y ese juez no estará soñando que reparte un ciervo?

Liehtse (c. 300 a. C.)

Sueño infinito de Pao Yu

Pao Yu soñó que estaba en un jardín idéntico al de su casa. "¿Será posible, dijo, que haya un jardín idéntico al mío?" Se le acercaron unas doncellas. Pao Yu se dijo

21

atónito: "¿Alguien tendrá doncellas iguales a Hsi-Yen, a Pin-Erh y a todas las de casa?" Una de las doncellas exclamó: "Ahí está Pao Yu. ¿Cómo habrá llegado hasta aquí?" Pao Yu pensó que lo habían reconocido. Se adelantó y les dijo: "Estaba caminando; por casualidad llegué hasta aquí. Caminemos un poco." Las doncellas se rieron. "¡Qué desatino! Te confundimos con Pao Yu, nuestro amo, pero no eres tan gallardo como él." Eran doncellas de otro Pao Yu. "Queridas hermanas —les dijo—: yo soy Pao Yu. ¿Quién es vuestro amo?" "Es Pao Yu —contestaron—. Sus padres le dieron ese nombre, que está compuesto de los dos caracteres: Pao (precioso) y Yu (jade), para que su vida fuera larga y feliz. ¿Quién eres tú para usurpar ese nombre?" Se fueron riéndose.

Pao Yu quedó abatido. "Nunca me han tratado tan mal. ¿Por qué me aborrecerán estas doncellas? ¿Habrá, de veras, otro Pao Yu? Tengo que averiguarlo." Trabajado por esos pensamientos, llegó a un patio que le pareció extrañamente familiar. Subió la escalera y entró en su cuarto. Vio a un joven acostado; al lado de la cama reían y hacían labores unas muchachas. El joven suspiraba. Una de las doncellas le dijo: "¿Qué sueñas, Pao Yu, estás afligido?" "Tuve un sueño muy raro. Soñé que estaba en un jardín y que ustedes no me reconocieron y me dejaron solo. Las seguí hasta la casa y me encontré con otro Pao Yu durmiendo en mi cama." Al oir este diálogo, Pao Yu no pudo contenerse y exclamó: "Vine en busca de un Pao Yu; eres tú." El joven se levantó y lo abrazó, gritando: "No era un sueño, tú eres Pao Yu." Una voz llamó desde el jardín: "¡Pao Yu!" Los dos Pao Yu temblaron. El soñado se fue. El otro le decía: "¡Vuelve pronto, Pao Yu!" Pao Yu se despertó. Su doncella Hhi-Yen le preguntó: "¿Qué sueñas, Pao Yu, estás afligido?" "Tuve un sueño muy raro. Soñé que estaba en un jardín y que ustedes no me reconocieron . . ."

Tsao-Hsueh-Kin: *Sueño del aposento rojo*

INSOMNIOS

Habían contraído, en efecto, la enfermedad
del insomnio.

GABRIEL GARCÍA MÁRQUEZ

En el insomnio

El hombre se acuesta temprano. No puede conciliar el
sueño. Da vueltas, como es lógico, en la cama. Se enreda
entre las sábanas. Enciende un cigarro. Lee un poco.
Vuelve a apagar la luz. Pero no puede dormirse. A las tres
de la madrugada se levanta. Despierta al amigo de al lado
y le confía que no puede dormir. Le pide consejo. El
amigo le aconseja que haga un pequeño paseo a fin de
cansarse un poco. Que en seguida tome una taza de tilo y
que apague la luz. Hace todo esto pero no logra dormir.
Se vuelve a levantar. Esta vez acude al médico. Como
siempre sucede, el médico habla mucho pero el hombre
no se duerme. A las seis de la mañana carga un revólver y
se levanta la tapa de los sesos. El hombre está muerto
pero no ha podido quedarse dormido. El insomnio es una
cosa muy persistente.

Virgilio Piñera

Los que querían dormir, no por cansancio sino por nostalgia de los sueños, recurrieron a toda clase de métodos agotadores. Se reunían a conversar sin tregua, a repetirse durante horas y horas los mismos chistes, a complicar hasta los límites de la exasperación el cuento del gallo capón, que era un juego infinito en que el narrador preguntaba si querían que les contara el cuento del gallo capón, y cuando contestaban que sí, el narrador decía que no había pedido que dijeran que sí, sino que si querían que les contara el cuento del gallo capón, y cuando contestaban que no, el narrador les decía que no les había pedido que dijeran que no, sino que si querían que les contara el cuento del gallo capón, y cuando se quedaban callados el narrador decía que no les había pedido que se quedaran callados, sino que si querían que les contara el cuento del gallo capón, y nadie podía irse, porque el narrador les decía que no les había pedido que se fueran, sino que si querían que les contara el cuento del gallo capón, y así sucesivamente, en un círculo vicioso que se prolongaba por noches enteras.

Gabriel García Márquez: *Cien años de soledad*

DE FANTASMAS

¡Si supieran qué miedo puede tener un fantasma de los hombres!. . .

T. S. ELIOT

ESCALOFRIANTE

Una mujer está sentada sola en una casa. Sabe que no hay
nadie más en el mundo: todos los otros seres han muerto.
Golpean a la puerta.

Thomas Bailey Aldrich: *Works*

CORDELIA

Sintió pasos en la noche y se incorporó con sobresalto.
—¿Eres tu, Cordelia? —dijo.
Y luego:
—¿Eres tú? Responde.
—Sí, soy yo —le replicó ella desde el fondo del pasillo.
Entonces se durmió. Pero a la mañana siguiente habló
con su mujer que se llamaba Clara —y con su sirvienta
que se llamaba Eustolia.

Francisco Tario: *Tapioca Inn*

—¿Dice usted que esta casa no existe, que usted es un fantasma? ¿Pues dónde estoy?

—En el despertar de un sueño.

Nicio de Lumbini

Final para un cuento fantástico

—¡Qué extraño! —dijo la muchacha, avanzando cautelosamente—. ¡Qué puerta más pesada!

La tocó, al hablar, y se cerró de pronto, con un golpe.

—¡Dios mío! —dijo el hombre—. Me parece que no tiene picaporte del lado de adentro. ¡Cómo, nos han encerrado a los dos!

—A los dos, no. A uno solo —dijo la muchacha.

Pasó a través de la puerta y desapareció.

I. A. Ireland: *Visitations*

Un huevo

Un viajero encuentra en el campo a un personaje con una cabeza completamente lisa como un huevo, sin un solo rasgo. Aterrorizado sube a una carreta y le pide al campesino que arree el caballo de inmediato.

—¿Qué pasa? — le pregunta el campesino.

—Fue que ví a un hombre que tenía el rostro liso como un huevo.

—Entonces —respondió el campesino volviéndose—, ¿tenía el mismo rostro que yo?

Anónimo japonés

Un día, cuando se dirigía al excusado, Yuan Tche-yu fue protagonista de un hecho singular. A su lado surgió un fantasma gigantesco, de más de diez pies de altura, de tez negra y ojos inmensos, vestido con una casaca negra y cubierto con un bonete plano. Sin turbarse de modo alguno, Yuan Tche-yu conservó su sangre fría.

—La gente suele decir que los fantasmas son feos —dijo con la mayor indiferencia, dirigiendo una sonrisa a la aparición—. ¡Y tiene toda la razón!

El fantasma, avergonzado, se eclipsó.

Lieu Yi-king

¿Sería fantasma?

Al caer de la tarde, dos desconocidos se encuentran en los obscuros corredores de una galería de cuadros. Con un ligero escalofrío, uno de ellos dijo:

—Este lugar es siniestro. ¿Usted cree en fantasmas?

—Yo no —respondió el otro—. ¿Y usted?

—Yo sí —dijo el primero y desapareció.

George Loring Frost: *Memorabilia*

Pregunta

¿Qué es un fantasma?, preguntó Stephen. Un hombre que se ha desvanecido hasta ser impalpable —por muerte, por ausencia, por cambio de costumbres.

James Joyce: *Ulises*

Una joven soñó una noche que caminaba por un extraño sendero campesino, que ascendía por una colina boscosa cuya cima estaba coronada por una hermosa casita blanca, rodeada de un jardín. Incapaz de ocultar su placer, llamó a la puerta de la casa, que finalmente fue abierta por un hombre muy, muy anciano, con una larga barba blanca. En el momento en que ella empezaba a hablarle, despertó. Todos los detalles de este sueño permanecieron tan grabados en su memoria, que por espacio de varios días no pudo pensar en otra cosa. Después volvió a tener el mismo sueño en tres noches sucesivas. Y siempre despertaba en el instante en que iba a empezar su conversación con el anciano.

Pocas semanas más tarde la joven se dirigía en automóvil a Litchfield, donde se realizaba una fiesta de fin de semana. De pronto tironeó la manga del conductor y le pidió que detuviera el automóvil. Allí, a la derecha del camino pavimentado, estaba el sendero campesino de su sueño.

—Espéreme un momento —suplicó, y echó a andar por el sendero, con el corazón latiéndole alocadamente. Ya no se sintió sorprendida cuando el caminito subió enroscándose hasta la cima de la boscosa colina y la dejó ante la casa cuyos menores detalles recordaba ahora con tanta precisión. El mismo anciano del sueño respondió a su impaciente llamado.

—Dígame —dijo ella—, ¿se vende esta casa?

—Sí —respondió el hombre—, pero no le aconsejo que la compre. ¡Esta casa, hija mía, está frecuentada por un fantasma!

—Un fantasma —repitió la muchacha—. Santo Dios, ¿y quién es?

—Usted —dijo el anciano y cerró suavemente la puerta.

Anónimo

ESPEJOS

> . . .los espejos y la cópula son abominables
> porque multiplican el número de los hom-
> bres.
>
> Jorge Luis Borges

Al revés

Aterradora idea de Juana, acerca del texto *Per Speculum
in Aenigmate:* Los goces de este mundo serían los tormentos del infierno, vistos al revés, en un espejo.

León Bloy: *Le vieux de la montagne*

Yo vi matar a aquella mujer

En la habitación iluminada de aquel piso vi matar a aquella mujer.

El que la mató, le dio veinte puñaladas, que la dejaron
convertida en un palillero.

Yo grité. Vinieron los guardias.

Mandaron abrir la puerta en nombre de la ley, y nos
abrió el mismo asesino, al que señalé a los guardias diciendo:

—Éste ha sido.

Los guardias lo esposaron y entramos en la sala del

crimen. La sala estaba vacía, sin una mancha de sangre siquiera.

En la casa no había rastro de nada, y además no había tenido tiempo de ninguna ocultación esmerada.

Ya me iba, cuando miré por último a la habitación del crimen, y vi que en el pavimento del espejo del armario de luna estaba la muerta, tirada como en la fotografía de todos los sucesos, enseñando las ligas de recién casada con la muerte . . .

—Vean ustedes —dije a los guardias—. Vean . . . El asesino la ha tirado al espejo, al trasmundo.

Ramón Gómez de la Serna: *Caprichos*

LA MUDANZA

Él había resuelto abandonar su alojamiento del Hotel Voltaire, encontraba confortable la nueva casa de la calle Cherche-Midi. Mientras, la lucha contra los espejos continuaba, era una cuestión vital. Allí, en la infinita reproducción de su rostro, la muchedumbre ante él. Multitudinarios alaridos complementando su soledad. Lanzar la primera piedra bastaba, y el milagro caería destrozado en instantes, y otra vez el silencio poblado de ecos. Pero él no se atrevía a dar el paso, prefería distraerse en el andar inconexo por los parques, compenetrado en la idea de una mañana nueva, distinta, donde pudiera haber sol y perfumes, barrida la atmósfera del asco. Decaía de golpe su optimismo y quemaba lentamente la esperanza. Charles, dejaba de pronto de creer y se sumergía en el humo espeso, abstraíase del tiempo y los relojes terminaban por callar. Un enorme calendario de números rojos sobre su espalda, y el peso aplastándolo. De pronto, allí, en su nueva casa de la calle Cherche-Midi, interrogando las líneas de su rostro, asombrado ante los estragos de los años, cruje el espejo y los cristales caen uno a uno, silenciosamente.

Un grito de terror y Baudelaire adivinó el sopor final.

Marcos Ricardo Barnatan

LA DAMA FRENTE AL ESPEJO

Al entrar al Salón de los Espejos, la bonita señora no pudo resistir el impulso de mirarse. Por lo demás, es un impulso natural, y su comisión no conlleva nada delictivo ni pecaminoso. Había entrado al Salón de los Espejos para esperar a la Marquesa, con quien bebería el té en el coqueto jardín inglés del flanco izquierdo del castillo.

Puso, pues, su carterita sobre una silla, quedándose con la polvera. Al ver su imagen reflejada en el azogue, respingó un poco la nariz para empolvarse. Luego puso en su sitio, con un gesto regañón, a dos o tres cabellos rebeldes, y se ajustó el traje sastre. Fue ése el momento en que percibió el fenómeno: atrás suyo, otra dama se ajustaba el vestido sastre frente a otro espejo de pared. Atrás de esta nueva mujer, otra más, igual también a ella, se ajustaba el traje sastre. Y más atrás, otra, y otra, y otra . . .

Dio ella un paso, retirándose alarmada del espejo. Simultáneamente, una infinita sucesión de imágenes de mujeres en un todo iguales a ella, dieron también un paso para retirarse de sus espejos. Abrió los ojos desmesuradamente, y aquel millón de mujeres abrieron dos millones de ojos desmesuradamente, formadas en una línea recta en perspectiva que llegaba al infinito.

Palideció. Diez millones de mujers palidecieron con ella. Entonces dio el grito, llevándose la mano a los ojos. Cien millones de mujeres corearon su grito y repitieron su gesto. Cayó al suelo. Mil millones de mujeres cayeron al suelo gimiendo. Ella se arrastró sobre la gruesa alfombra árabe, y un incontable número de mujeres, como soldados sobre el terreno, calcaron uno a uno sus movimientos felinos. No logró salir del Salón de los Espejos; al acudir los sirvientes, encontraron muerta Media Humanidad . . .

Álvaro Menén Desleal: Cuentos breves y maravillosos

El Espejo de Viento-y-Luna

En un año las dolencias de Kia Yui se agravaron. La imagen de la inaccesible señora Fénix gastaba sus días; las pesadillas y el insomnio, sus noches.

Una tarde un mendigo taoísta pedía limosna en la calle, proclamando que podía curar las enfermedades del alma. Kia Yui lo hizo llamar. El mendigo le dijo: "Con medicinas no se cura su mal. Tengo un tesoro que lo sanará si sigue mis órdenes." De su manga sacó un espejo bruñido de ambos lados; el espejo tenía la inscripción: Precioso Espejo de Viento-y-Luna. Agregó: "Este espejo viene del Palacio del Hada del Terrible Despertar y tiene la virtud de curar los males causados por los pensamientos impuros. Pero guárdese de mirar el anverso. Sólo mire el reverso. Mañana volveré a buscar el espejo y a felicitarlo por su mejoría." Se fue sin aceptar las monedas que le ofrecieron.

Kia Yui tomó el espejo y miró según le había indicado el mendigo. Lo arrojó con espanto: El espejo reflejaba una calavera. Maldijo al mendigo; irritado, quiso ver el anverso. Empuñó el espejo y miró: Desde su fondo, la señora Fénix, espléndidamente vestida, le hacía señas. Kai Yui se sintió arrebatado por el espejo y atravesó el metal y cumplió el acto de amor. Después, Fénix lo acompañó hasta la salida. Cuando Kia Yui se despertó, el espejo estaba al revés y le mostraba, de nuevo, la calavera. Agotado por la delicia del lado falaz del espejo, Kia Yui no resistió, sin embargo, a la tentación de mirarlo una vez más. De nuevo Fénix le hizo señas, de nuevo penetró en el espejo y satisficieron su amor. Esto ocurrió unas cuantas veces. La última, dos hombres lo apresaron al salir y lo encadenaron. "Los seguiré ——murmuró—, pero déjenme llevar el espejo." Fueron sus últimas palabras. Lo hallaron muerto, sobre la sábana manchada.

Tsao Hsue-Kin: *El sueño del aposento rojo*

INSÓLITA

A gusto

Desde luego, da gusto encontrar una pequeña mujer
desnuda en el bolsillo. Usted la saca, ella sonríe en seguida, encantada de luz, encantada de ser suya. Está bien
caliente en su mano. Tiene hermosos pechos, un lindo
pequeño pubis como una agradable criatura ordinaria.
Ah, así, da gusto, pero es raro, oh raro, muy muy raro.

A. Norge

Señales

Desde la infancia apenas se me cae algo al suelo tengo que
levantarlo, sea lo que sea, porque si no lo hago va a
ocurrir una desgracia, no a mí sino a alguien a quien amo y
cuyo nombre empieza con la inicial del objeto caído.

Julio Cortázar: *Historias de cronopios y de famas*

Antepasados

¿Cómo no creer en la veracidad humana de las pinturas
rupestres? ¿Cómo negar que esas negras huellas de

manos son el primer esfuerzo del hombre por darse a conocer, por dejar testimonio absoluto de que fue. . . y seguirá siendo? Yo, que estudié esas huellas muy de cerca, con la sonrisa desdeñosa de los que asimismo desdeñan a Sócrates, y la cosquilla incrédula en medio de la garganta, aún siento el ardor de aquel súbito golpe seco; y, por si no me creen: miren mi trasero. Ahí están marcados los cinco prehistóricos dedos. ¿Puedo volver a darle la espalda a esta realidad?

Martha Yera

DE SUICIDIOS

Las más grandes y populosas urbes del mundo se hallan, al fin, sumidas en un silencio profundísimo; inusitado: Ni ruido de herramientas en sus casas, ni sonidos de pasos o de máquinas en sus calles. Como si sus paredes y muros, esquinas y jardines se hallaran a prueba de ruidos. Como si algo, algún aparato potentísimo, desde cierto lugar, absorbiera todo lo que perturbara el profundo y hondo silencio de sus edificios y arterias. . .

Según estadísticas, el porcentaje más alto de suicidios es causado por el profundo silencio circundante.

Florentino Chávez

LA CIUDAD Y UN FÓSFORO

En un punto del desierto hay una ciudad de espejos. Los espejos son tan pequeños y están distribuidos de tal modo, que basta encender un fósforo para que la ciudad resulte profusamente iluminada. La noche más oscura desaparece bajo el poder de un fósforo.

Hay caravanas enteras enceguecidas al encontrar la ciudad a pleno sol. Caminaron al azar, tanto más tenebrosas por dentro cuanto mayor era la claridad a su alrededor, hasta ser devoradas por las mudas extensiones de arena.

Esta ciudad es un cuento.

Ricardo Lindo

El señor que
tenía algo en el ojo

Dos señores, correctamente vestidos de negro, se cruzan en la escena. Uno de ellos detiene al otro y cortésmente le ruega que tenga a bien soplarle el ojo. El señor detenido hincha los carrillos y sopla. Inútilmente. Sopla una y otra vez con distinta intensidad. Sin resultado. Toma una largavista y, como Napoleón en el campo de batalla, atentamente contempla el ojo afectado. Estira hasta el colmo el catalejo, para ver mejor, y de paso le pone el otro ojo en compota al señor. Inspección inútil: nada ve.

Entonces extrae un taladro de su bolsillo, saca de su órbita el ojo enfermo y lo observa en todos los sentidos. Ocurrencia feliz: ¡al fin encuentra!

Hace mutis por un momento, y entre bastidores se oye, entretanto, un ruido sordo, como el de un gran peso que cae en el suelo; luego le devuelve el ojo al señor. En ese momento, un coche cargado con una piedra enorme y tirado por cuatro robustos caballos pasa por el fondo del escenario.

El señor se aleja, dando muestras de alivio. Eso era lo que lo molestaba.

Jules Jouy

Cada día deja la base en que está y por estos corredores y galerías se pasea airosamente. Salen a verla y oirla todos los de la casa, que también canta dulcemente muchas veces, y no hace daño a persona alguna; sólo es necesario desviarse, porque se enfada si la tocan y con eso pasa sin ofender a los que la miran. Se vuelve a su sitio, y cuando todos se han ido, lava y juega, canta y ríe, ocupando en semejantes cosas lo que dura la noche, deduciendo todos por el ruido que hace el ejercicio que tiene.

Luciano de Samosata

E<small>L OTRO DIABLO</small>

Frente a las vidrieras de Cassinelli había un niño de unos seis años y una niña de siete; bien vestidos, hablaban de Dios y del pecado. Me detuve tras ellos. La niña, tal vez católica, sólo consideraba pecado mentir a Dios. El niño, quizás protestante, preguntaba empecinado qué era entonces mentir a los hombres o robar. "También un enorme pecado —dijo la niña—, pero no el más grande; para los pecados contra los hombres tenemos la confesión. Si confieso, aparece el ángel a mis espaldas; porque si peco aparece el diablo, sólo que no se le ve." Y la niña, cansada de tanta seriedad, se volvió y dijo en broma: "¿Ves? No hay nadie detrás de mí." El niño se volvió a su vez y me vio. "¿Ves? —dijo sin importarle que yo lo oyera—, detrás de mí está el diablo." "Ya lo veo —dijo la niña—, pero no me refiero a ése."

Franz Kafka: La Muralla China

Temporada 1950.
Cae el telón en el quinto acto: "El burgués ennoblecido."
La sala, atiborrada de público, se estremece con los aplau-
sos. Es un clamor, semejante a una tormenta. Los actores,
hasta los más humildes, se deshacen en genuflexiones.
De pronto, suena un grito en galería:

—¡El autor! ¡El autor a escena!

Aparece Molière, sudoroso y enrojecido, y los aplau-
sos se redoblan.

Francisco Tario: *Tapioca Inn*

LA MALA MEMORIA

Me contaron hace tiempo una historia muy estúpida,
sombría y conmovedora. Un señor se presenta un día en
un hotel y pide una habitación. Le dan el número 35. Al
bajar, minutos después, deja la llave en la administración
y dice:

—Excúseme, soy un hombre de muy poca memoria. Si
me lo permite, cada vez que regrese le diré mi nombre: el
señor Delouit, y entonces usted me repetirá el número
de mi habitación.

—Muy bien, señor.

A poco, el hombre vuelve, abre la puerta de la oficina:

—El señor Delouit.

—Es el número 35.

—Gracias.

Un minuto después, un hombre extraordinariamente
agitado, con el traje cubierto de barro, ensangrentado y
casi sin aspecto humano entra en la administración del
hotel y dice al empleado:

—El señor Delouit.

—¿Cómo? ¿El señor Delouit? A otro con ese cuento. El señor Delouit acaba de subir.

—Perdón, soy yo . . . Acabo de caer por la ventana. ¿Quiere hacer el favor de decirme el número de mi habitación?

André Breton: *Nadja*

MUERTE DE UTOPO

Utopo concurrió, con la reina, al estreno de una nueva *antivida* del poeta Ascanio que trataba de las desventuras de un conductor político de los antiguos tiempos, con su país partido en una guerra civil, que al fin y al cabo logra dominar, sólo para que en el momento del triunfo, cuando asiste a una representación teatral, en la cual se trata igual tema, sea asesinado de un flechazo por uno de los actores, que a su vez debía representar otro asesinato. El caso es que Utopo, sentado en su palco, recibió el flechazo de la ficción, en plena realidad, y fue asesinado por uno de los actores, prefigurando además la muerte de Lincoln, e iniciando igualmente una cadena de espejos que por infinita debe estar aún desarrollándose, ya que en cada representación hay contenida otra en la cual, mientras en escena se mata a un líder político, se representa otra comedia en que hay otra muerte similar, hasta que probablemente la última sea de nuevo la muerte de Utopo.

Pedro Gómez Valderrama

Era una mujer que tuvo dos hijos gemelos y unidos a lo largo de todo el costado.

—No podrán vivir —dijo un doctor.

—No podrán vivir —dijo otro. quedando desahuciados los nuevos hermanos siameses.

Sin embargo, un hombre con fantasía y suficiencia, que se enteró del caso, dijo:

—Podrán vivir . . . Pero es menester que no se amen, sino que, por el contrario, se odien, se detesten.

Y dedicándose a la tarea de curarlos, les enseñó la envidia, el odio, el rencor, los celos, soplando al oído del uno y del otro las más calumniosas razones contra el uno y contra el otro, y así el corazón se fue repartiendo en dos corazones, y un día un sencillo tirón los desgajó y los hizo vivir muchos años separados.

Oscar Wilde

CULPABLE

Un hombre había cometido un crimen sangriento. En el fondo de su ser no existían los datos que en el exterior, a decir de Lombroso, revelan al criminal y, a pesar de no ser un asesino, en un momento en que las circunstancias se lo exigieron, había matado a otro hombre. Acongojado por la culpa, sin tener a mano un confesor, ni siquiera un espejo, y ante el temor de delatarse durante el sueño, salió al campo, hizo un hoyo, de una anchura tal en la que apenas su boca cupiera y ahí, de hinojos, con un gran grito que le salió quién sabe de dónde, confesó a la tierra su crimen. Descargado de su yerro, volvió al hogar. Iba contento y el aire le acariciaba el pelo, ensortijandolo;

pero ese mismo aire le llevó una voz, que él creyó reconocer como la suya. Una voz que relataba su delito. Cuando descubrió que el hoyanco que había horadado tenía otra salida —"quizá coincidió con el túnel de un topo"— el hacha del verdugo cercenaba su cuello.

Edmundo Domínguez Aragonés

No interesaban

—Caminenos un poco —indicó.

—Caminemos, si a usted le parece— consintió el otro.

Y los dos amigos echaron a andar reposadamente sobre las opulentas y salobres aguas del Caribe.

Seiscientos metros más abajo caminaban también otros —que habían naufragado en Escocia. Mas su lenguaje no era interesante.

Francisco Tario: Tapioca Inn

¡Ése soy yo!

Cuando vi sacar aquel cadáver del agua, grité:

—Ése soy yo ... Yo.

Todos me miraron asombrados, pero yo continué: "Soy yo ... Ése es mi reloj de pulsera con un brazalete extensible ... Soy yo."

—¡Soy yo!... ¡Soy yo! —les gritaba y no me hacían caso, porque no comprendían cómo yo podía ser el que había traído el río ahogado aquella mañana.

Ramon Gomez de la Serna: Caprichos

Legítimo

Refiere Tommaso Bartolino, *De luce hominis et brutorum*, 1669, p. 396, que en Francia algunos jurisconsultos no dudaron en declarar legítimo al hijo de una dama noble, aunque traído durante la ausencia del marido, en cuanto consideraron su concepción, como efecto de la extraordinaria imaginación e intenso deseo que ella tuvo de juntarse con su cónyuge.

Giuseppe Faggin: *Las brujas*

Del "l'Osservatore"

A principios de nuestra Era, las llaves de San Pedro se perdieron en los suburbios del Imperio Romano. Se suplica a la persona que las encuentre, tenga la bondad de devolverlas inmediatamente al Papa reinante, ya que desde hace más de quince siglos las puertas del Reino de los Cielos no han podido ser forzadas con ganzúas.

Juan José Arreola: *Prosodia*

Afrodisiaco singular

En su libro de penitencias, *De Poenitentia Decretorum*, el Obispo Burchard de Worms describe una práctica medieval en la que las mujeres ponían un pequeño pez vivo en el centro de su ser. Al morir el pez, lo freían y lo daban de comer como afrodisiaco a un galán.

ÉXITO

"¿Lo conocen? Un señor con una caña está sentado en la
orilla y pescando. Primero pesca una brema. Bueno, es
normal, una carpa. Está bien. Después, un lucio. Parece
que es un día muy afortunado. Una vez más muerde el
anzuelo un silurio. ¡Vaya, qué día más bueno para la
pesca! Pasa un momento y pesca una ballena, extrañán-
dose un poco. Pero igualmente se alegra. Finalmente,
algo enorme comienza a templar el sedal. El hombre tira y
tira . . . ¿Qué era? Pues nuestro trasatlántico *S. Batory*"
   ¿Y qué piensan ustedes que hizo el hombre?
   Naturalmente, lo desembarazó del anzuelo y lo echó
de nuevo al agua.
   El éxito es una buena cosa, pero en ciertos momentos
hay que tener un poco de todo.

Adam Kreczmar

DIÓSCUROS

En la plaza del Quirinal, en Roma, hay un punto que
conocían los iniciados hasta el siglo XIX, y desde el cual,
con luna llena, se ven moverse lentamente las estatuas de
los Dióscuros que luchan con sus caballos encabritados.

Julio Cortázar: *Historias de cronopios y de famas*

EL RAYO

Hay pueblos en que, cuando truena, se juntan en el patio
de la iglesia para gritar y llaman al mayor para que lleve las

llaves y encierre el rayo en la cárcel, estando otros prevenidos con machetes para pegarle a dicho rayo, que es el
contrario, según dicen, por si acaso quisiese caer sobre
ellos.

Eulalio Guillow

AJEDREZ

Le apasionaba jugar al ajedrez y llevaba siempre consigo
un pequeño tablero de bolsillo con sus respectivas piezas.
En cuanto subió al tren, trabó conversación con el compañero de viaje que ocupaba el asiento situado frente al
suyo y lo instó a jugar una partida. El invitado se negó.

—Conozco muy poco, casi nada, del juego ciencia —le
respondió cortésmente.

Entonces él insistió con tanta porfía que logró convencer al renuente viajero. Se inició la partida. Como su
forzado contrincante jugara en forma inusitada, estrafala-
ria, perdió la serenidad, cayó en error y al cuarto movimiento dejó un caballo a merced de las piezas enemigas.
Su adversario, tal vez distraído, iba a pasar por alto la
jugada que le favorecía, pero él, caballerosamente, le
llamó la atención:

—Cómase usted el caballo —le dijo señalándole la
pieza indefensa.

—¿El caballo? ¿Esa pieza es un caballo? ¿Quiere usted
que yo me lo coma?

—Sí. Es imperativo que se lo coma. No quiero ventaja.
Cómaselo. Por favor, cómaselo.

—Si usted lo pide tan fervientemente . . . —dijo con
voz sumisa.

Y tomó la pieza que se le señalaba y la engulló de un

44

bocado. Al segundo se levantó presuroso, aprovechó el paso lento del tren, que se acercaba a una estación, saltó a tierra y se alejó en ligero trote, relinchando, por una vereda que de seguro conducía a un potrero cercano.

José María Méndez

LA BUENA LÓGICA

> Me estoy preguntando si estará de verdad
> humillada la mujer Sioux a la que le he cor-
> tado la cabeza.
> Poema de los indios ojibwas (EE.UU.): El
> Corno Emplumado

Profano

Hace años, viajando un arqueólogo por el altiplano de México, encontré en el jacal de un indígena una pieza de rara belleza, que provocó en ambos una reacción muy distinta.

Ignorante como soy de las cosas del pasado . . . y del presente, sólo advertí lo que de modernísimo existía en aquél pedazo de arcilla, modelada con tanta elegancia por la mano del indio, y sin fijarme que estaba ante un venerable documento de la antigüedad exclamé, con una frase socorrida, de profano, pero que reflejaba mi emoción ante la belleza:

—¡Qué maravilla!

El arqueólogo, que como hombre de ciencia está impedido de decir palabras vanas, tomó la pieza con gesto de conocedor, le dio dos vueltas a la altura de sus ojos, y después de mirarme con una infinita piedad, exclamó:

—¡Azteca III!

Antonio Rodríguez

Los Buriat de Irkutsk (Siberia), por ejemplo, afirman que Morgon-Kara, su primer chamán, era tan competente que podía atraer las almas de los muertos. Por ese motivo, el Señor de los Muertos se quejó al Alto Dios del Cielo, y Dios decidió poner a prueba al chamán. Tomó posesión del alma de cierto hombre y la metió en una botella, cubriendo la boca con la yema de su pulgar. El hombre enfermó y sus parientes mandaron por Morgon-Kara. El chamán buscó por todas partes el alma que faltaba. Buscó por el bosque, por las aguas, por los desfiladeros de las montañas, la tierra de los muertos, y al fin subió, "montado en su tambor", al mundo de arriba, en donde fue forzado a buscar por un largo tiempo. Entonces observó que el Alto Dios del Cielo tenía una botella tapada con la yema de su pulgar y reflexionando sobre esa circunstancia, cayó en la cuenta de que dentro de la botella estaba el alma que él había venido a buscar. El astuto chamán se convirtió en avispa. Voló hacia Dios y le dio un aguijonazo tan fuerte en la frente, que le hizo quitar el pulgar de la abertura y la cautiva huyó. Antes de que Dios pudiera evitarlo, ya iba el chamán Morgon-Kara sentado en su tambor y camino a la tierra con el alma recobrada.

Joseph Campbell: *El héroe de las mil caras*

Lágrimas

En sus *Memorias,* Alejandro Dumas dice que era un niño aburrido, aburrido hasta llorar. Cuando su madre lo encontraba así, llorando de aburrimiento, le decía:
—¿Por qué llora Dumas?

—Dumas llora porque Dumas tiene lágrimas —contestaba el niño de 6 años.

Gaston Bachelard

Mal hombre

Sólo un mal hombre ha podido enseñar esas posturas a la contorsionista.

Ramón Gómez de la Serna

Exactitud

Permitid que os refiera la historia de los automovilistas en China. ¿No la conocéis acaso? El automóvil está en *panne* en un pueblecito chino; tiene un agujero en el depósito. Se descubre a un artesano que no puede reparar el depósito, pero que lo copiará en dos horas. Los automovilistas parten de nuevo con un depósito magnífico. En plena noche, nuevo *panne*. El chino había copiado también el agujero.

Jean Cocteau

Piedad de Indra

En Kumaon, India, un procedimiento para que termine de llover es derramar aceite hirviendo en el oído izquierdo de un perro; el animal aulla de dolor y sus aulli-

dos son oídos por Indra que, lleno de piedad por los
sufrimientos del animal, para la lluvia.

James George Frazer: *La rama dorada*

Estrategia

—¿Por qué se ha detenido? —rugió en la batalla el comandante de una división, que había ordenado una
carga—. Avance en el acto, señor.

—Mi general —respondió el comandante sorprendido
en falta—. Estoy seguro de que cualquier nueva muestra
de valor por parte de mis tropas, las pondrá en contacto
con el enemigo.

Ambrose Bierce

Mujer cara

Lais la Corintia, cuya elegancia y belleza eran famosas,
obtenía mucho provecho del comercio de sus perfeccio-
nes: los hombres más opulentos acudían a su casa desde
todos los puntos de Grecia; pero no se les admitía hasta
después de haber pagado el precio que ella misma fijaba,
siendo muy exigente en estas peticiones ... Un día fue
secretamente Demóstenes a su casa y solicitó sus favores.
Lais pidió diez mil dracmas, o un talento, lo que hace diez
mil denarios de nuestra moneda. Confundido Demóstenes por el descaro de aquella mujer, asustado por la
magnitud de la cantidad, se retiró en seguida, y dijo al

marchar: "No quiero comprar tan caro el arrepentimiento."

Aulo Gelio: *Noches áticas*

TRES HOMBRES EN EL BOSQUE

Tres hombres marchaban por el bosque cuando, de
pronto, encontraron un tigre que amenazaba desgarrar-
los. El primero de ellos dijo: "Hermanos, nuestra suerte
está decidida, la muerte es segura, el tigre va a devorar-
nos." Hablaba así porque era fatalista.

El segundo exclamó: "Hermanos, ¡imploremos juntos
al Dios Todopoderoso! Sólo la gracia de Dios puede
salvarnos" Éste era piadoso.

Pero el tercero dijo: "¿Por qué molestan a Dios? Mejor
será que inmediatamente nos subamos a estos árboles."
Éste en verdad amaba a Dios.

Zimmer: *Wesheit indiens*

CUENTO CHINO

Cierto hombre, que había comprado una vaca magnífica,
soñó la misma noche que crecían alas sobre la espalda del
animal, y que éste se marchaba volando. Considerando
esto un presagio de infortunio inminente, llevó la vaca al
mercado nuevamente, y la vendió con gran pérdida. En-
volviendo en un paño la plata que recibió, la echó sobre
su espalda, y a mitad del camino a su casa, vio a un halcón
comiendo parte de una liebre. Acercándose al ave, descubrió que era bastante mansa, de manera que le ató una

pata a una de las esquinas del paño en que estaba su dinero. El halcón aleteaba mucho, tratando de escapar, y tras un rato, al aflojarse momentáneamente la mano del hombre, voló con todo y el trapo y el dinero. "Fue el destino", dijo el hombre cada vez que contó la historia; ignorante de que, primero, no debe tenerse fe en los sueños; y segundo, de que la gente no debe recoger cosas que ve al lado del camino. Los cuadrúpedos generalmente no vuelan.

Herbert Allen Giles

TEORÍA

San Agustín se confesaba ignorante respecto a la razón de Dios para crear moscas. Lutero resolvió más atrevidamente que habían sido creadas por el diablo, para distraerle a él cuando escribía buenos libros. Esta íntima opinión es ciertamente plausible.

Bertrand Russell

EL SOL

Los ojebways imaginaron que el eclipse significaba que el sol estaba extinguiéndose y, en consecuencia, disparaban al aire flechas incendiarias, esperando que podrían reavivar su luz agonizante.

James George Frazer: *La rama dorada*

Con el fin de tomar una posición natural me siento en la forma que acostumbro, alargo la pierna derecha, dejo la izquierda doblada, extiendo una mano y cierro la otra sobre mis muslos, me mantengo derecho y de medio perfil, fijo la vista en un punto y sonrío.

—¿Por qué sonríe usted? —dice el fotógrafo.

—¿Es que sonrío demasiado pronto?

—¿Quién le ha pedido a usted que sonría?

—Le ahorro a usted el pedírmelo. Sé las costumbres. No es la primera vez que me retrato. No soy ya un niño a quien se dice: "Mira el pajarito." Sonrío solo, anticipadamente, y puedo sonreír así durante mucho tiempo. No me fatiga.

—Señor mío —dice el fotógrafo—, lo que usted desea ¿es un verdadero retrato o una imagen impersonal y vaga de la cual los aduladores no podrán más que decir cortésmente: "Sí, hay algo"?

—Quiero una fotografía —dije— en la que haya de todo, que sea parecida, viva, expresiva, que esté casi hablando, gritando, saliéndose del marco, etcétera, etc.

—Quienquiera que sea usted —me dijo entonces el fotógrafo—, cese de sonreír. El más feliz de los hombres prefiere hacer una mueca. Hace muecas cuando sufre, cuando se aburre y cuando trabaja. Hace muecas de amor, de odio y de alegría. Sin duda usted sonríe a veces a los extraños y otras al espejo cuando está usted seguro que nadie le ve. Pero sus parientes y sus amigos no conocen de usted más que un rostro malhumorado y si tiene usted interés en ofrecerles un retrato que yo pueda garantizar, créame usted, haga usted una mueca.

Jules Renard: *La linterna sorda*

NECEDAD

Tenía un gran señor entre otros criados, uno muy inteligente en saber escribir todo lo que de nuevo acontescía, así de burlas como de veras. Acontesció que estando el señor sobre la mesa, mandóle que le trujese el libro de las novedades; y traído, vio en el principio de una hoja que decía ansí: "El duque mi señor hizo tal día una necedad en dar quinientos ducados a un alquimista para que con ellos fuese a Italia a traer aparejo para hacer plata y oro."

Dijo entonces el señor:

—Y si vuelve, ¿qué harás tú?

—Si volviere, quitaré a vuestra señoría y porné a él.

Juan de Timoneda

TELÉFONO MÁGICO

Mi amigo Pobers, catedrático de parapsicología de Utrech, fue enviado a las Antillas con la misión de estudiar el papel de la telepatía, muy frecuente entre los hombres sencillos. Cuando una mujer quiere comunicarse con el marido o el hijo, que han ido a la ciudad, se dirige a un árbol, y el marido o el hijo le traen lo que les ha pedido. Un día asistió Pobers a este fenómeno y le preguntó a la campesina por qué se servía de un árbol; su respuesta fue sorprendente y capaz de resolver todo el problema moderno de nuestros instintos atrofiados por las máquinas, a las cuales se confía el hombre. He aquí, pues, la pregunta: "¿Por qué se dirige usted a un árbol?" Y he aquí la respuesta: "Porque soy pobre. Si fuese rica, tendría teléfono."

Jean Cocteau

El Encarnación Salvatierra tá seguro. Lo tiene su nombre, brilloso como una luciérnaga. Todos averiguan que tiene semilla grande nomás de oír: Encarnación Salvatierra. Hace maldá y es respetado. Mata gente y nadie lo agarra. Roba muchacha y no lo corretean. Toma trago, echa bala y nomás se ríe y todos se contentan. Por estos rumbos sólo los endiablados tienen la semilla a salvo. Pero ahí está el nombrón que los cuida y los encamina. En cambio uno, por andar de cumplido y derecho tiene que estar todo lleno de enfermedá, con la barriga inflada por el hambre, con los ojos amarillos por la terciana; lo meten a la cárcel y cuando lo sueltan ya tá muerta la nana Trinidad . . . . Ahí tá el Martín Tzotzoc: nunca mató, nunca robó, no llevó muchacha; nunca se metió en argüendes. ¿Y pa qué? Sólo pa quedar guindado de ese roble con los ojos chiboludos como de pescado y los dedos todos morroñosos; del coraje, digo yo. Los que tienen el nombre hagan maldá, hagan pecado, todo les sale bien, todo les trae cuenta.

Eraclio Zepeda: *Benzulul*

INOBJETABLE

Esto me recuerda la contestación que dio un niño a la pregunta de su abuela, que le hablaba por teléfono desde otra ciudad: "¿Y tú que haces, hijo?", "Telefoneo", contestó con soberbia objetividad.

Erich Auerbach

Pero ¿cómo no se les ocurrió antes que la tierra podía ser dirigida hacia una órbita propuesta de antemano y que así el hombre viajaría hacia cualquier lugar del espacio a bordo de su propio planeta?

Nicio de Lumbini

YO NUNCA INSULTÉ A LAS MESERAS

Tengo por norma no quejarme jamás en un restaurante, porque sé perfectamente que hay más de cuatro billones de soles en la Vía Láctea, que es una de los tantos billones de galaxias. Muchos de esos soles son miles de veces mayores que el nuestro y son ejes de sistemas planetarios completos, que incluyen millones de satélites que se mueven a velocidad de millones de kilómetros por hora, siguiendo enormes órbitas elípticas. Nuestro propio sol y sus planetas, incluida la Tierra, están en el borde de esta rueda, en un diminuto rincón del universo. Sin embargo ¿por qué tantos millones de soles en constante movimiento no acaban chocando unos contra otros? La respuesta es que el espacio es tan inconmensurable que si redujéramos los soles y los planetas proporcionalmente a las distancias entre ellos, cada sol, siendo del tamaño de una mota de polvo, estaría a dos, tres o cuatro mil kilómetros de su vecino más próximo. Y ahora, imagínese usted, estoy hablando de la Vía Láctea —nuestro pequeño rincón—, que es nuestra galaxia. ¿Y cuántas galaxias hay? Billones de galaxias esparcidas a través de un millón de años-luz. Con la ayuda de nuestros precisos telescopios se pueden ver hasta cien millones de galaxias parecidas a la nuestra, y no son todas. Los científicos han llegado con sus telescopios hasta donde las galaxias parecen juntarse, y todavía quedan billones y billones por descubrir.

Cuando pienso en todo esto, creo que es tonto molestarse con la mesera si trajo consomé en lugar de crema.

Harry Golden

Gregario

Un ciego estaba sentado en medio de varias personas. De pronto, todos se pusieron a reír y el ciego las imitó.

—¿Qué ha visto usted para reír de esa manera? —le preguntó alguien.

—Puesto que todos ríen, es porque con seguridad se trata de algo risible —contestó el ciego—. ¿No habrán pretendido engañarme, verdad?

Chao-Nan-sing

El informe

—Dispense, amigo, ¿cuánto tiempo se necesita para ir de Corbigny a Saint-Révérien?

El picapedrero levanta la cabeza y, apoyándose sobre su maza, me observa a través de la rejilla de sus gafas, sin contestar.

Repito la pregunta. No responde.

"Es un sordomudo", pienso yo, y prosigo mi camino.

Apenas he andado un centenar de pasos, cuando oigo la voz del picapedrero. Me llama y agita su maza. Vuelvo y me dice:

—Necesitará usted dos horas.

—¿Por qué no me lo ha dicho usted antes?

—Caballero —me explica el picapedrero—, me pregunta usted cuánto tiempo se necesita para ir de Corbigny a Saint-Révérien. Tiene usted una mala manera de preguntar. Se necesita lo que se necesita. Eso depende del paso. ¿Conozco yo su paso? Por eso le he dejado marchar. Le he visto andar un rato. Después he calculado, y ahora ya lo sé y puedo contestarle: necesitará usted dos horas.

Jules Renard: *La linterna sorda*

La confesión

En la primavera de 1232, cerca de Avignon, el caballero Gontran D'Orville mató por la espalda al odiado conde Geoffroy, señor del lugar. Inmediatamente, confesó que había vengado una ofensa, pues su mujer lo engañaba con el conde.

Lo sentenciaron a morir decapitado, y diez minutos antes de la ejecución le permitieron recibir a su mujer, en la celda.

—¿Por qué mentiste? —preguntó Giselle D'Orville—. ¿Por qué me llenas de vergüenza?

—Porque soy débil —repuso—. De este modo me cortarán la cabeza, simplemente. Si hubiera confesado que lo maté porque era un tirano, primero me torturarían.

Manuel Peyrou

Andrea, la sirvienta, está preocupada.

—En el Socorro —explicó— el padre nos dijo que hay otra vida. Si uno supiera, señora, que le va a tocar una casa buena, como ésta, en que la tratan a una con consideración, no me importaría; pero francamente, trabajar allá con desconocidos, con déspotas que abusan del pobre . . .

Rita Acevedo de Zaldumbide: *Minucias porteñas del otro siglo*

IRREBATIBLE

Nuestro Profeta, ¡sean con él la paz y la plegaria!, dijo: "El verdadero sabio es el que prefiere las cosas inmortales a las perecederas." Y se cuenta que el asceta Sabet lloró tanto, que se le enfermaron los ojos. Entonces llamaron a un médico, y le dijo: "No puedo curarte, como no me prometas una cosa". Y el asceta preguntó: "¿Qué cosa he de prometerte?" Y dijo el médico: "¡Que dejarás de llorar!" Pero el asceta repuso: ¿"y para qué me servirán los ojos si ya no llorara"?

Las mil noches y una noche

SANSÓN Y LOS FILISTEOS

Hubo una vez un animal que quiso discutir con Sansón a las patadas. No se imaginan cómo le fue. Pero ya ven cómo le fue después a Sansón con Dalila aliada a los filisteos.

Si quieres triunfar contra Sansón, únete a los filisteos. Si quieres triunfar sobre Dalila, únete a los filisteos.

Únete siempre a los filisteos.

Augusto Monterroso

DESCONTENTO

José de Arimatea, después de la crucifixión de Jesús, se encuentra a un joven desnudo y lloroso.

—No me asombra tu gran pesar —le dice—, porque en verdad que Él era un hombre justo.

—No, si no lloro por Él —replica el joven—. Yo también he hecho milagros y todo lo que ese hombre ha hecho, ¡pero no me han crucificado!

Oscar Wilde

BUEN "SHOW"

El mundo está trastornado por el afán innovador. Todo ha de hacerse de modo nuevo. Los hombres han de ser ahorcados de modo nuevo. ¿Y en qué consiste esa mejora? Dicen que el viejo sistema atraía grandes multitudes. Pues para eso son las ejecuciones: para atraer multitudes. De otro modo, no sirven a su propósito. El sistema antiguo era muy satisfactorio para todos: al público le complacía el desfile, y el desfile reanimaba al criminal. ¿Por qué hemos de perder todo esto?

Samuel Johnson

Un hombre, al pasar ante una cantera, vio a tres operarios labrando la piedra. Preguntó al primero:

—¿Qué hace?

—Ya ve, cortando estas piedras.

El segundo le dijo:

—Preparo una piedra angular.

El tercero se limitó a decir impávido.

—Construyo una catedral.

Hernando Pacheco

Lógica infantil

En casa de los Van Rysselberghe, se citaban salidas infantiles. Aunque las "frases de niños" me fastidian por lo general, consigno aquí las que me parecieron mejores.

El pequeño Bonnier a quien le preguntaron qué hacía en clase:

—Esperar que salgamos.

Tratan de que Francis Y. se compadezca de los padecimientos de Cristo en la Cruz y se indigne contra los miserables que lo han clavado en ella. El chico mira al crucifijo de la pared y dice:

—Tenían que clavarlo para que se mantuviera así.

Cito al pequeño Gérard, quien, cuando le daban una zurra, decía llorando:

—¡Es una pena!

Entre las frases más bonitas, está la de la pequeña Elisabeth, la hija de Théo Van Rysselberghe. Un día, se hizo un corte y, aterrada al ver salir su sangre, corrió hacia sus padres gritando:

—¡Estoy perdiendo toda mi salsa!

Cuando se le enseñaba a leer, se ayudaba a su memoria por todos los medios. Se le decía que, con A, se hace Alicia; con B, Berta; con T, Théo, etc.

Cuando, al día siguiente, le hicieron repetir las letras, le preguntaron: "¿Y con T?" A lo que la niña contestó, en seguida: "Con T se hace papá".

Esta otra frase, del pequeño Claude Laurens. En una merienda de niños, en la que se preguntaba a cada cual qué desearía hacer de mayor, se le oye en esto declarar: "Yo, me casaré con una mujer muy fea". Y ante el estupor general, añade: "Para hacer reír a mis amigos".

André Gide

LOS BRAHAMANES Y EL LEÓN

En cierto pueblo había cuatro brahmanes que eran amigos. Tres habían alcanzado el confín de cuanto los hombres pueden saber, pero les faltaba cordura. El otro desdeñaba el saber; sólo tenía cordura. Un día se reunieron. ¿De qué sirven las prendas, dijeron, si no viajamos, si no logramos el favor de los reyes, si no ganamos dinero? Ante todo, viajemos.

Pero cuando habían recorrido un trecho, dijo el mayor:

—Uno de nosotros, el cuarto, es un simple, que no tiene más que cordura. Sin el saber, con mera cordura, nadie obtiene el favor de los reyes. Por consiguiente, no compartiremos con él nuestras ganancias. Que se vuelva a su casa.

El segundo dijo:

—Mi inteligente amigo, careces de sabiduría. Vuelve a tu casa.

El tercero dijo:

—Ésta no es manera de proceder. Desde chicos hemos jugado juntos. Ven, mi noble amigo. Tú tendrás tu parte en nuestras ganancias.

Siguieron su camino y en un bosque hallaron los huesos de un león. Uno de ellos dijo:

—Buena ocasión para ejercitar nuestros conocimientos. Aquí hay un animal muerto; resucitémoslo.

El primero dijo:

—Sé componer el esqueleto.

El segundo dijo:

—Puedo suministrar la piel, la carne y la sangre.

El tercero dijo:

—Sé darle vida.

El primero compuso el esqueleto, el segundo suministró la piel, la carne y la sangre. El tercero se disponía a infundir la vida, cuando el hombre cuerdo observó:

—Es un león. Si lo resucitan, nos va a matar a todos.

—Eres muy simple —dijo el otro—. No seré yo el que frustre la labor de la sabiduría.

—En tal caso —respondió el hombre cuerdo—, aguarda que me suba a este árbol.

Cuando lo hubo hecho, resucitaron al león; éste se levantó y mató a los tres. El hombre cuerdo esperó que se alejara el león, para bajar del árbol y volver a su casa.

Panchatantra (siglo II a.C.)

ANTI-HISTORIA

Aviso
i. m. Julio Torri

La isla prodigiosa surgió en el horizonte como una crátera colmada de lirios y de rosas. Hacia el mediodía comencé a escuchar las notas inquietantes de aquel canto mágico.

Había desoído los prudentes consejos de la diosa y deseaba con toda mi alma descender allí. No sellé con panal los laberintos de mis orejas ni dejé que mis esforzados compañeros me amarraran al mástil.

Hice virar hacia la isla y pronto pude distinguir sus voces con toda claridad. No decían nada; solamente cantaban. Sus cuerpos relucientes se nos mostraban como una presa magnífica.

Entonces decidí saltar sobre la borda y nadar hasta la playa.

Y yo, oh dioses, que he bajado a las cavernas de Hades y que he cruzado el campo de asfodelos dos veces, me vi deparado a este destino de un viaje lleno de peligros.

Cuando desperté en brazos de aquellos seres que el deseo había hecho aparecer tantas veces de este lado de mis párpados durante las largas vigías del asedio, era presa del más agudo espanto. Lancé un grito afilado como una jabalina.

Oh dioses, yo que iba dispuesto a naufragar en un jardín de delicias, cambié libertad y patria por el prestigio de la isla infame y legendaria.

Sabedlo, navegantes: el canto de las sirenas es estúpido y monótono, su conversación aburrida e incesante; sus cuerpos están cubiertos de escamas, erizados de algas y sargaso. Su carne huele a pescado.

Salvador Elizondo

PENÉLOPE

Descendió la escalera sin alumbrar los escalones ni menos contarlos. Durante largos años los había bajado subrepticiamente todas las noches.

En el gineceo, el sueño de Ulises no fue perturbado por su ausencia. Él aún no recuperaba sus hábitos cotidianos: Circe y las sirenas poblaban sus sueños.

Penélope se acercó por última vez a la tela. El rostro barbudo del tapiz ya no se parecía al de Ulises, si alguna vez se había parecido. La sensación de pérdida fue lacerante.

Empezó a destejer la trama, pero de pronto interrumpió su tarea. El ladrido de un perro, la grava del patio crujiendo bajo unas pisadas, eran indicio de que alguien se acercaba. Penélope se incorporó con un sobresalto de esperanzada alegría:

—¿Será, acaso, que vuelven los pretendientes?

Olga Harmony

BLASFEMIA I

Y como Saray la maltratara, Agar huyó. Anduvo errante por el desierto sin agua y sin pan. Dejó a Ismael bajo un matorral y fue a sentarse lejos para no ver morir de sed a su hijo. Entonces el ángel del Señor se presentó ante ella y le entregó dos fichas: ahí, a dos pasos estaba el refrigerador de coca cola. . .

(GÉNESIS 21,14-19).   Daniel Barbosa Madrigal

CIRCE

"No hay sueños en mí, Ulises. No proyecto sombra sobre cosa alguna. El mundo es como una rueda radiante que comienza a girar cada mañana cuando abro los ojos. ¡Es todo tan sencillo! Un pájaro atraviesa el cielo: vuela, nada más. Una herramienta es brillante y dura: ha sido hecha por el ingenio. El mar está siempre despierto; las piedras duermen siempre. Yo no sueño, Ulises: cuento: una brizna, las estrellas, el aroma del heno, la lluvia, los árboles. Y como no quiero repetir nada, a nada le pido permanencia. La vida es como el agua: tócala con la mano abierta y la sentirás vivir, siempre igual en su fuga. Pero si aprietas la mano para cogerla, la pierdes. Mucha gente ha pasado, de muchas leyes y distintos países, por esta casa a orillas del mar. Y en cada uno la felicidad tenía un nombre diferente; pero se trataba siempre de alguna vieja y arrugada historia que llevaban a cuestas. ¡Quédate, Ulises!"

Agustí Bartra

ASÍ EMPEZÓ

El pueblo hebreo conducido por Moisés se detuvo a las orillas del Mar Rojo. Los perseguidores estaban muy cerca. Un hombre se acercó al gran líder y preguntó: "¿Qué harás ahora?" Moisés le contestó: "Haré que se abran las aguas, pasaremos nosotros y cuando pasen aquéllos haré que las aguas se cierren, sepultándolos." El hombre dio un alarido de admiración y dijo: "Si logras hacer eso, te juro que te consigo ocho planas en la Biblia." Había nacido la profesión de relaciones públicas.

Pedro Álvarez del Villar

Lot

¡Qué tedio puede llegar a padecerse al lado de un justo! Todos se divierten en Sodoma, menos en esta familia en la que tanto se teme al pecado.

Y exasperada, la mujer de Lot prosiguió su soliloquio:
—¿Es que nada vendrá a darle sabor a mi vida?

Olga Harmony

Cleopatra

Sabéis que me bañaba en leche de burra, con jabón de tortuga y un ala de pelícano por esponja. Cosas nuestras, un poco raras; pero indispensables para los retratos en los magazines. Desde la prohibición empezaron a chocarme los States. Cuando antes filmaba, solía disolver perlas en vino ácido. Ahora, tendría que beber *Welch's*. ¡Triste papel para una reina escénica! Además, Marco Antonio empezó a preferir a sus mansas compatriotas y, con la competencia de vampiresas, mis contratos ya eran indignos. Wally y yo empezamos juntos. Sólo que él prefería la nieve. Se nos pasó la mano un día; pero no comprendo

cómo esos reporteros, o historiadores, o lo que sean,
confunden los áspides con las jeringas hipodérmicas.

Salvador Novo: *Ensayos y poemas*

EL EMPERADOR DE LA CHINA

Cuando el emperador Wu Ti murió en su vasto lecho, en
lo más profundo del palacio imperial, nadie se dio cuenta.
Todos estaban demasiado ocupados en obedecer sus órdenes. El único que lo supo fue Wang Mang, el primer
ministro, hombre ambicioso que aspiraba al trono. No
dijo nada y ocultó el cadáver. Transcurrió un año de
increíble prosperidad para el imperio. Hasta que, por fin,
Wang Mang mostró al pueblo el esqueleto pelado del
difunto emperador. "¿Veis? —dijo—. Durante un año un
muerto se sentó en el trono. Y quien realmente gobernó
fui yo. Merezco ser emperador." El pueblo, complacido,
lo sentó en el trono y luego lo mató, para que fuese tan
perfecto como su predecesor y la prosperidad del imperio continuase.

Marco Denevi

LA ESPADA DE DAMOCLES

La orgía iba en aumento.
   Damocles, introducido por los ujieres, avanzó con
modestia, saludó al rey y se sentó en el lugar que le
indicaron.
   Antes de tomar asiento depositó en el suelo, a un lado,
un paquete envuelto con viejos periódicos, sobre los que
los policías disfrazados de mujeres bonitas miraron furtivamente.

Empezó el banquete.

Sirvieron a Damocles sesos de mosca y riñones de ardilla, alas de fenicóptero, pasteles de hormiga, tarta de causario.

Le dieron de beber champagne centenario, cécubo en odres de piel de camello nonato, vinagre con perlas disueltas y polvo de diamante.

Los senos desnudos de las cortesanas se extendían sobre la mesa llena de flores.

En el momento en que Damocles llenaba sus ojos del vértigo de aquel espectáculo, el tirano Dionisio golpeó su hombro con delicadeza y le señaló el techo con el dedo índice.

Una espada desnuda colgaba sujeta por tan sólo un cabello.

Damocles miró la espada, alzó los hombros, y se inclinó hacia el paquete depositado a su lado en el suelo.

Abrió el periódico, retiró un casco de bombero, con cubrenuca de malla, y se lo encajó en la cabeza.

Después,
      volvió
        a
           pedir
              asado.

Gabriel de Lautrec

SOBRE MUJERES

Sobre las mujeres se podría decir todo lo
que se quiera: todo sería igualmente cierto.

JULES LEMAÎTRE

LO MISMO

Una mujer a la que Filippos obligaba a ir con él a pesar
suyo, le dijo: "¡Déjame! Todas las mujeres son lo mismo
en cuanto se llevan las lámparas."

Plutarco

MATILDE

Una madre, Matilde, supo que su hijo robaba en las
iglesias: todo, los exvotos, las joyas de las estatuas, hasta
los sagrarios. Ella lo había educado en el temor de
Dios. . . Pero entre el niño y el hombre, evidentemente,
había una fractura. Pobrecilla, ¿qué hacer? Matilde comenzó a decir que los templos ostentan riquezas inaudi-
tas, mientras Jesús nació en un pesebre, etc. Matilde
cambió de religión.

Giuseppe Marotta

Una mujer con gasas de luto lloraba sobre una tumba.

—Consuélese, señora —dijo un simpático forastero—
La misericordia del cielo es infinita. Habrá otro hombre
en alguna parte, además de su marido, que todavía puede
hacerla feliz.

—Había —sollozó la mujer—, había, pero ésta es su
tumba.

Ambrose Bierce

Las persas

Los persas se habían separado de la Alianza de Astiages y
de los medos a instigación de Kiros, cuando éste fue
vencido en un encuentro. Como los persas huían hacia la
ciudad y el enemigo no estaba lejos de entrar al mismo
tiempo que ellos, las mujeres corrieron a su encuentro
antes de que alcanzasen los bastiones; y levantándose la
parte baja de sus vestidos les gritaron: "¿Adónde vais,
cobardes, los más cobardes de los hombres? Huyendo, ni
de entrar seríais capaces aquí en el seno de donde salis-
teis."

Viéndolas y oyendo sus palabras, los persas, llenos de
vergüenza y maldiciéndose a sí mismos, dieron media
vuelta, cargaron sobre sus enemigos y los pusieron en
fuga.

Plutarco: *Los tratados*

Compensación

Tres clases de personas no verán nunca el Infierno: los que han padecido las aflicciones de la pobreza, dolencias intestinales y la tiranía del gobierno romano. Algunos añaden: y el que tiene una mala esposa . . .

Eruvín: *El Talmud*

Antiminifaldista

Toda nuestra sociedad estriba en la falda. Quitad la falda a la mujer, adiós la coquetería, se acabaron las pasiones. En el traje está toda su potencia.

Honorato de Balzac

Drástico

Una mujer estéril debe ser remplazada al cabo de ocho años; una, cuyos hijos todos hayan muerto, debe remplazarse a los diez años; aquélla que no da al mundo más que hijas, al año undécimo; la que habla con aspereza, inmediatamente.

Leyes de Manú

El misógino

—¿No me reconoces? Soy aquella a la que amaste tanto —decía la mendiga.

Me compadecí de la infortunada, la vestí, le di de comer. ¡Ah!, con cuánta autoridad dominaba al día siguiente a los de casa; vigilaba mis lecturas, se quejaba del olor del tabaco. Un día, expulsó a mi legítima esposa.

—¿No me reconoces? Soy tu esposa legítima. . .

—¡Ah, no, una vez es suficiente!

Max Jacob

La aventura

Sonó el teléfono de mi despacho. Era Ana. Me causó gran extrañeza porque jamás me había requerido directamente para nada. Era su marido quien trataba siempre conmigo. Una amistad íntima, fraterna, surgida hacía muchos años, que su posterior matrimonio no truncó ni enfrió. Ana estaba nerviosa, excitada . . . y yo no supe detenerla a tiempo. Tenía necesidad de desahogarse con alguien. Eso supuse al oír sus primeras frases. Luego, la confesión, de improviso, se tornó más íntima, más personal, más alusiva, más directa . . . ¿Estaba loca? Con cuatro hijos a su cuidado y me proponía una huída . . . "¡Compréndelo, Ana! No es posible. . .". Pero Ana no quiso comprender nada y colgó. Aquella misma tarde hablé con su marido, le conté todo y no pareció soprenderse. "Escucha —me dijo—, ¿por qué no aceptas?" Mi asombro fue tan grande que no pude replicar ni decir nada . . . "Pero si. . .". El insistió: "Escúchame con calma. No dramaticemos. Ella necesita una aventura, un escape. Está harta de mí, del hogar, de los hijos. . . Sus nervios están deshechos. Tú eres mi mejor amigo, tengo confianza en tí. . . Si no fuera así no me atrevería a decirte que, por supuesto, todos los gastos que ocasione vuestro viaje. . . —por cierto, ¿a dónde irías? —los pagaría yo. . . ¿Qué me dices a esto?", "No sé —balbucí—. Tendré que consultarlo con mi mujer. . ."

Alfonso Ibarrola

Las mujeres se visten para que las miren las otras mujeres; se casan para que las otras mujeres tengan marido;
adornan sus casas para asombrar a las otras mujeres. Si no
existieran las otras mujeres, serían excelentes.

Paul Corey

Eʟ ᴠɪsᴏ́ɴ

—Lo tendrás —dice Julia—. Si comienzas a trabajarle desde
ahora, podrás tenerlo para la navidad próxima. Con la
posición que tiene Philippe, no puede llevar mucho
tiempo a su mujer sin visón: daría que hablar.
 —El visón me importa un comino, no lo quiero.
 —Vamos, no digas eso; no seas injusta. El visón está
lleno de cualidades, es caliente, es ligero, es bonito, le va
a todo el mundo, y además es sólido. En ciertos casos,
puede durar más que el matrimonio.

Christiane Rochefort: *Celine y el matrimonio*

Lᴀ ɪɴғɪᴇʟ

Convencido de que me engañaba, le dije que si quería,
podía irse con mi rival, y en efecto, al volver por la noche,
me encontré con que la muy cretina, se había largado con
el televisor.

Eduardo López Rivas

Un día volvió Azora de un paseo, muy enojada y profiriendo grandes exclamaciones.

—¿Qué tenéis, querida esposa —le dijo Zadig—, qué es lo que ha podido poneros así fuera de vos?

—¡Ay! —respondió ella—, os pasaría lo mismo si hubieseis visto el espectáculo del cual acabo de ser testigo. He ido a consolar a la joven viuda Cosru, que acaba de elevar hace sólo dos días, un monumento funerario en memoria de su joven esposo, cerca del arroyo que bordea este prado. Prometió a los dioses, en su dolor, permanecer al lado de la tumba mientras por allí corriese el agua del arroyo.

—Y bien —comentó Zadig—, he ahí una mujer estimable y que amaba realmente a su marido.

—¡Ah —prosiguió Azora—, si supieseis en qué estaba ocupada cuando fui a visitarla!

—¿En que, bella Azora?

—Estaba desviando el curso del arroyo.

Voltaire: *Zadig*

JUSTICIA

Los habitantes del Duzak son devorados por reptiles venenosos, traspasados con puñales, ahogados con humo, sofocados por un olor infecto: las mujeres que con su locuacidad atormentaron a sus maridos, son ahorcadas y su lengua les sale por el cuello.

Pastoret

En 1890 una mujer se cubría con veintidós prendas de vestir; una mujer moderna usa, en verano, tres.* La una se desvestía en veinte minutos, la otra queda desnuda en treinta segundos.

Paul Morand

Mujeres

Siempre me descubro reverente al paso de las mujeres elefantas, maternales, castísimas, perfectas.

Sé del sortilegio de las mujeres reptiles —los labios fríos, los ojos zarcos— que nos miran sin curiosidad ni comprensión desde otra especie zoológica.

Convulso, no recuerdo si de espanto o de atracción, he conocido un raro ejemplar de mujeres tarántulas. Por misteriosa adivinación de su verdadera naturaleza vestía siempre de terciopelo negro. Tenía las pestañas largas y pesadas, y sus ojillos de bestezuela cándida me miraban con simpatía casi humana.

Las mujeres asnas son la perdición de los hombres superiores. Y los cenobitas secretamente piden que el diablo no revista tan terrible apariencia en la hora mortecina de las tentaciones.

Y tú, a quien las acompasadas dichas del matrimonio han metaforseado en lucia vaca que rumia deberes y faenas, y que miras con tus grandes ojos el amanerado paisaje donde paces, cesa de mugir amenazadora al incauto que se acerca a tu vida, no como el tábano de la

* Morand no llegó a contemplar el bikini ni el monobikini.

fábula antigua, sino llevado por veleidades de naturalista curioso.

Julio Torri: *De fusilamientos*

MEJOR CASADOS

Ante muchos eruditos varones, leíase un discurso que Metelo Numídico, hombre en quien se reunían el talento y la palabra con la gravedad del carácter, dirigió, durante su censura, al pueblo romano sobre la cuestión del matrimonio, para exhortar a los ciudadanos a que tomasen esposas. En este discurso se encuentra el siguiente párrafo: "Romanos: si pudiésemos prescindir de esposas, seguramente ninguno de nosotros querría echar sobre sí semejante carga; pero ya que la naturaleza ha dispuesto de tal suerte las cosas, que no se puede ni vivir bien con una mujer, ni vivir sin mujer, aseguremos la perpetuidad de nuestra nación antes que la bienandanza de nuestra corta vida."

Aulio Gelio: *Noches áticas*

DE AMOR

Te deseo como si fueses la esposa de otro.

SACHA GUITRY

HOMBRE Y MUJER

Al decir de ciertos sabios antiguos, la simpatía entre los sexos es tan fuerte que aun en el caso de que en la Tierra no hubiera sino un solo hombre y una mujer —ella en el Occidente y él en el Oriente— los dos, sin embargo, se encontrarían y se hallarían por obra de la fuerza natural de atracción.

Máxima persa

DE AMOR

Te quiero a las diez de la mañana, y a las once, y a las doce del día. Te quiero con toda mi alma y con todo mi cuerpo, a veces, en las tardes de lluvia. Pero a las dos de la tarde, o a las tres, cuando me pongo a pensar en nosotros dos, y tú piensas en la comida o en el trabajo diario, o en las diversiones que no tienes, me pongo a odiarte sordamente, con la mitad del odio que guardo para mí.

Luego vuelvo a quererte, cuando nos acostamos y siento que estás hecha para mí, que de algún modo me lo

dicen tu rodilla y tu vientre, que mis manos me conven-
cen de ello, y que no hay otro lugar en donde yo me
venga, a donde yo me vaya mejor que tu cuerpo. Tu
vienes entera a mi encuentro, y los dos desaparecemos un
instante, nos metemos en la boca de Dios, hasta que yo te
digo que tengo hambre o sueño.

Todos los días te quiero y te odio irremediablemente.
Y hay días también, hay horas, en que no te conozco, en
que me eres ajena como la mujer de otro. Me preocupan
los hombres, me preocupo yo, me distraen mis penas. Es
probable que no piense en ti durante mucho tiempo. Ya
vez. ¿Quién podría quererte menos que yo, amor mío?

Jaime Sabines

FLORACIÓN

Abrí los ojos cuando amaneció en un lugar desconocido
para mí y vi una muchacha desnuda que corría por el
campo y que intentaba ocultarse de mí. En una ocasión,
cuando se detuvo y me miró, pude ver que sus pechos
parecían que iban a reventar, como si fueran capullos de
rosas al sol de mayo y eché a correr hacia el Sur inten-
tando atraparla, porque quería enterrar mi rostro en
aquellas abiertas rosas y capullos para conocer su fragancia. Cuando, después, llegué hasta ella, cayeron todos los
pétalos de sus pechos, se echaron a volar con el viento y
ya no pude volverla a ver ni pude saber dónde fue, pero
las semillas que se desprendieron de ella aquel día son las
flores que están floreciendo ahora.

Erskine Caldwell

¡Qué bonita estabas ayer noche por teléfono!

Sacha Guitry

Los cíclopes

Toco tu boca, con un dedo toco el borde de tu boca, voy dibujándola como si saliera de mi mano, como si por primera vez tu boca se entreabriera, y me basta cerrar los ojos para deshacerlo todo y recomenzar, hago nacer cada vez la boca que deseo, la boca que mi mano elige y te dibuja en la cara, una boca elegida entre todas, con soberana libertad elegida por mí para dibujarla con mi mano en tu cara, y que por un azar que no busco comprender coincide exactamente con tu boca que sonríe por debajo de la que mi mano te dibuja.

Me miras, de cerca me miras, cada vez más de cerca, y entonces jugamos al cíclope, nos miramos cada vez más de cerca y los ojos se agrandan, se acercan entre sí, se superponen, y los cíclopes se miran, respirando confundidos, las bocas se encuentran y luchan tibiamente, mordiéndose con los labios, apoyando apenas la lengua en los dientes, jugando en sus recintos donde un aire pesado va y viene con un perfume viejo y un silencio. Entonces mis manos buscan hundirse en tu pelo, acariciar lentamente la profundidad de tu pelo mientras nos besamos como si tuviéramos la boca llena de flores o de peces, de movimientos vivos, de fragancia oscura. Y si nos mordemos el dolor es dulce, y si nos ahogamos en un breve y terrible absorber simultáneo del aliento, esta instantánea muerte es bella. Y hay una sola saliva y un sólo sabor a fruta madura, y yo te siento temblar contra mí como una luna en el agua.

Julio Cortázar: *Rayuela*

El pulpo extendió sus brazos: era un pulpo multiplicado por sí mismo.

Carlota lo miró horrorizada y corrió a la puerta. ¡Maldita costumbre de encerrarse con llave todas las noches! ¿En dónde la habría dejado? Regresó a la mesita. La llave no estaba ahí. Se acercó al tocador. En ese momento se enroscó en su cuello el primer tentáculo. Quiso retirarlo pero el segundo atrapó su mano en el aire. Se volvió tratando de gritar, buscando a ciegas algo con qué golpear esa masa que la atraía, que la tomaba por la cintura, por las caderas. Sus pies se arrastraban por un piso que huía. El pulpo la levantaba. Carlota vio muy de cerca sus ojos enormes. Era sacudida, volteada, acomodada y recordó que entre aquella cantidad de brazos debía haber una boca capaz de succionarla.

Se refugió en su desmayo. Al volver a abrir los ojos se hallaba tendida en la cama. Un tentáculo ligero y suave le acariciaba las piernas, las mejillas. Otro jugaba con su pelo.

Carlota comprendió entonces y sonrió.

Elena Milán

A LA GIOCONDA

Con los ojos y el gesto de un alucinado así se dirigió entonces a Mona Lisa:

—Quiero que seas mía, tan mía como lo fuiste de Francisco del Giocondo. Deseo palpar la seda de tus luctuosos cabellos; ansío verme en las lagunas encantadas de tus ojos; codicio poseer tu boca alucinante; anhelo desfallecer acariciado por tus manos principescas. Si te tienta el lujo yo te daré estolas de zorros plateados; collares de perlas de Ceilán; esmeraldas de Colombia; zafiros de Cachemira; rubíes de Burma; diamantes del Brasil; jades de Kwen Lung; turquesas de Visapur; ópalos de México y alejandritas de Ekateriemburgo; carruajes tirados por caballos ingleses; automóviles como salones ambulantes; lebreles rusos de hocico aguzado; perros japoneses de pelo de seda y falderos de Chihuahua que escondas en tu manguito de chinchilla; hoteles de salones ajuareados con muebles de París y tapizados con alfombras de Persia; yates adornados como palacios y un libro de cheques para realizar todos tus caprichos.

Efrén Rebolledo

Excesivo

¡Oh, hacer el viaje de novios completamente solo!

Jules Renard

La venia

Una dama de calidad se enamoró con tanto frenesí de un tal señor Dodd, predicador puritano, que rogó a su marido que les permitiera usar de la cama para procrear un ángel o un santo; pero, concedida la venia, el parto fue normal.

Drummond

81

PETICIÓN

Hay un modo de que me hagas completamente feliz,
amor mío: muérete.

Jaime Sabines

DECLARACIÓN

—Oh el amor, ¿sabes? . . . el cuerpo, el amor, la muerte,
esas tres cosas no hacen más que una. Pues el cuerpo es la
enfermedad y la voluptuosidad, y es el que hace la
muerte; sí, son carnales ambos, el amor y la muerte y ¡ese
su terror y su enorme sortilegio! Pero la muerte, ¿com-
prendes? es, por una parte, una cosa de mala fama, impú-
dica, que hace enrojecer de vergüenza; y por otra parte es
una potencia muy solemne y muy majestuosa mucho más
alta que la vida riente que gana dinero y se llena la panza;
mucho más venerable que el progreso que fanfarronea
por los tiempos— porque es la historia, y la nobleza, y la
piedad, y lo eterno, y lo sagrado, que hace que nos
quitemos el sombrero y marchemos sobre la punta de los
pies . . . De la misma manera, el cuerpo, también, y el
amor del cuerpo son un asunto indecente y desagradable,
y el cuerpo enrojece y palidece en la superficie por
espanto y vergüenza de sí mismo. Pero también es una
gran gloria adorable, imagen milagrosa de la vida orgánica, santa maravilla de la forma y de la belleza, y el amor
por él, por el cuerpo humano, es también un interés
extremadamente humanitario y una potencia más educa-
dora que toda la pedagogía del mundo. ¡Oh, encantadora
belleza orgánica que no se compone ni de pintura al óleo,

ni de piedra, sino de materia viva y corruptible, llena del
secreto febril de la vida y de la podredumbre!

Thomas Mann: *La linterna mágica*

TRES DÍAS

La marquesa de Saint-Pierre se encontraba en una reu-
nión de sociedad en la que se decía que el mariscal de
Richelieu había poseído a muchas mujeres sin haber
amado nunca a ninguna. "¡Sin amar, está pronto dicho
—contestó ella—. Yo sé de una mujer por la que recorrió
trescientas leguas!" Aquí contó la historia en tercera
persona y, llevada por su narración, terminó: "La llevó a la
cama con una increíble violencia, y en la cama nos que-
damos tres días".

Chamfort

DIONISIACA

Llegábamos entonces a un paraje en que la espesura de
los girasoles nos resguardaba de las miradas de los cami-
nantes y en que sólo quedábamos expuestos a esa otra
mirada calcinante y enceguecedora del sol ante la que nos
desnudábamos y mientras ella continuaba hablando de las
mismas cosas yo miraba su cuerpo, analizaba detenida-
mente esa blancura perfecta, las longitudes armoniosas
de esa carne que se estremecía rimando lentamente sus
movimientos con el vaivén acompasado de las enormes

corolas movidas por la brisa. A veces, con el pretexto de jugar con su gruesa trenza rubia, tocaba furtivamente con las puntas de mis dedos la piel de sus hombros, de su cuello, de su cintura, sin comprender que, a ciegas, mis manos entraban en contacto con un misterio supremo, indescifrable en su apariencia de claridad. Schwester Anne Marie se tendía sobre la hierba, abierta como otra flor al sol ardiente y lejano y, mirando pasar las nubes, sus labios acariciaban los bordes de la armónica produciendo canciones sin sentido.

Salvador Elizondo

La más pura

. . . Mis manos se extienden para abrazarla. Soy un hombre como los demás, siempre lamentablemente dispuesto a deslumbrarse con la primera mujer que ve. Ella, ella es la imagen más pura de la mujer que amamos: la que aún no conocemos del todo, la que ha de revelarse, la que contiene en sí el único milagro viviente que hay sobre la tierra.

Henri Barbusse

El baile

Baila, mujer, gira entre los espejos que repiten tu imagen. Baila, amor, deja que tu padre mire el reloj, en vana pretensión de encerrarte en el tiempo. Baila conmigo, mientras el húsar, tu prometido, afina su bigote con un gesto feroz, mientras se acerca a mí con esa mala fiebre de los celos y me arroja su guante. Baila, baila entre los espejos, los abanicos, las mujeres, las columnas, el jarrón de la China, las medallas de los embajadores, los perfumes, los murmullos. Baila, con tus quince años apretados a mí ahora y mañana cuando avance por la niebla del bosque entre esos hombres enlutados y tristes, cuando atraviese con mi sable el corazón del húsar. Baila ahora, mujer, antes de que tu padre se desmorone como el muro que cae por el fuego de la artillería, antes que tu madre sea una mortaja blanca que se pudre en un apacible y bello cementerio al que llevas tus flores. Baila, querida, antes que las otras parejas se conviertan en humo y ya no pueda decirte amor. Baila, baila, porque ya empieza a destrozarse el cortinado, las tapicerías de la casa, ya entran los buhos por la ventana, ya los violines dejan de tocar, ya te mueres, mientras yo, veinte siglos después te recuerdo y te amo, el que baila contigo esta noche, entre los espejos que repiten tu imagen.

Pedro Orgambide

El reflejo

Su silueta joven, tan frágil, tan provocativamente indefensa, le inundaba el alma de una ternura triste. No podría dejarla nunca, aunque quisiera, aunque se lo pidiera a gritos la razón y el sentido común. Tendría que asumir el sacrificio de su propia vida en aras de esa pequeña que había sufrido las lamentables miserias de la humanidad, y que, por el peso enorme de lo que suponía esto, se transformaba en una anciana milenaria dentro de un cuerpo extrañamente joven.

De seguir unidos equivaldría a vivir atrapado en la angustia en cada una de las heridas que ella mantenía siempre abiertas; pero no podría dejarla, tan frágil, tan tierna y dulce, aunque le trasmitiera una muerte constante provocada por sus experiencias eternamente presentes.

Pero al fin, el instinto de supervivencia venció al amor. Con un espantoso esfuerzo, volvió la cabeza y dejó que pasara esa silueta de ojos desproporcionadamente tristes que aquella desconocida —encontrada así, tan de improviso en la calle y a su paso—, le había dejado en la mirada.

Delfina Careaga

LA TUMBA INDIA

Había una vez un maharajá en Eschnapur que amaba con locura a una bailarina del templo y tenía un amigo llegado de lejanas tierras, pero la bailarina y el extranjero se amaban y huyeron, y el corazón del maharajá albergó tanto odio como había albergado amor, y entonces persiguió a los amantes por selvas y desiertos, los acosó de sed, los hizo adentrarse en el reino de las víboras venenosas, de los tigres sanguinarios, de las mortíferas arañas, y en el fondo de su dolorido corazón el maharajá juró matarlos, porque ellos lo habían traicionado dos veces, en su amor y en su amistad, y por ello mandó llamar al constructor y le dijo que debía erigir en el más bello lugar de Eschnapur una tumba grande y fastuosa para la mujer que él había amado . . .

Y entonces el constructor dijo: "Señor, siento que la mujer que amáis haya muerto", pero el maharajá preguntó: "¿Quién dice que ha muerto? ¿Quién dice que la amo?", y el constructor se turbó y dijo: "Señor, creí que la tumba sería un monumento a un gran amor", y entonces contestó el maharajá: "No te equivocas: la tumba la construye ahora mi odio. Pero cuando pasen muchos años, tantos años que esta historia será olvidada, y mi nombre, y el de ella, la tumba quedará sólo como un monumento que un hombre mandó construir en memoria de un gran amor."

José de la Colina: *La tumba india*

AMOR CHINO

El amor chino no es el amor europeo.

La europea ama con transporte, y de pronto olvida al borde mismo del lecho, pensando en la gravedad de la vida, en ella misma, o en nada, o bien simplemente reconquistada por la "ansiedad blanca".

La mujer árabe se porta como una ola. La danza del vientre, hay que recordarlo, no es una simple exhibición para los ojos; no, el remolino se instala sobre uno y lo arrastra y lo deja luego como beatificado, sin saber exactamente lo que ha sucedido, ni cómo.

Y ella también empieza a soñar, la Arabia se levanta entre los dos. Todo ha concluido.

Con la mujer china, nada de eso. La china es como la raíz del *banian*, que se encuentra en todas partes, hasta en las hojas. Así, cuando se ha introducido en el lecho, se necesitan muchos días para desasirse.

Henri Michaux

La cortesana Vasentasena se ha enamorado de un santo brahamán que vive consagrado a las obras de misericordia. Su doncella, la coqueta Madanika, que la ha visto siempre ávida de riquezas, se asombra de oírla hablar de amor.

—Para seduciros —le dice— ese hombre ¿se ha presentado ante vos como un monarca poderoso?

—Se trata de amor y no de respeto –contestóle la pecadora.

—¿Es acaso un mercader enriquecido en largos viajes?

—Se trata de amor y no de lujo.

—Por el cielo, si el que habéis escogido no es ni poderoso ni sabio ni rico ¿qué es?

—Es aquel a quien yo amo, nada más. Vos estábais cuando lo encontramos en el jardín del templo de Kama. Vos debéis saber su nombre.

—Sí. Se llama Charudaka . . . ¿Ignoras que es muy pobre?

—Se trata de amor, Madanika y no de riquezas.

Enrique Gómez Carrillo: *El carrito de arcilla, del rey Sudraka*

Mi primer amor

Tenía yo trece años.

Ella era encantadora.

¡Qué digo encantadora! Era una de las mujeres más bonitas de París.

Pero de eso yo no me daba cuenta. Yo la *encontraba* bonita —ocurría que lo era extremadamente. Esto no era más que una coincidencia . . .

. . . Tenía una sonrisa adorable y ojos acariciadores.

Y voy a preguntarme, ¿por qué la he amado?

. . . Soñaba con ella.

¿Decírselo?

Antes la muerte.

¿Entonces?

Probárselo.

Hacer economías durante toda la semana y cometer una locura el domingo siguiente. Hice estas economías y cometí esta locura. Ocho francos: un enorme ramo de violetas. ¡Era magnífico! Era el más bello ramo de violetas que se haya visto nunca. Me hacían falta las dos manos para llevarlo.

Mi plan: llegar a su casa a las dos y solicitar verla.

La cosa no fue fácil. Estaba ocupada. Insistí. La camarera me condujo al gabinete.

Se estaba peinando para salir. Entré con el corazón en un brinco.

—¡Hola, pequeño! ¿Para qué quieres verme?

No se había vuelto aún. No había visto todavía el ramo; no podía comprender.

—Para esto, señora.

Y le tendí mis ocho francos de violetas.

—¡Oh, qué bonitas!

Me pareció que la partida estaba ganada. Me había aproximado a ella, temblando. Cogió entre sus manos mi ramo como se coge la cabeza de un niño y lo llevó a su bello rostro como para besarlo.

—¡Y huelen bien!

Luego, añadió despidiéndome:

—Dale las gracias de mi parte a tu papá.

Sacha Guitry

OTZUMI

Érase un bonzo joven que tenía gran fama como artista. Sus superiores le encargaron que hiciese una estatua de la

89

diosa Kawanon, la de las cien manos, la todopoderosa y todomisericordiosa. Un día, en una fiesta popular, encontróse con la cortesana Otzumi y se prendó de su belleza. Durante muchas noches no pudo dormir, pensando en ella. Al fin, loco de deseos, decidióse a ir en su busca al Yosiwara, y para comprar sus caricias le robó a la santa imagen de Kawanon su corona de oro. Al volver a su boncería, después de haber pasado una semana con la cortesana, fue asesinado por un *ronín*. ¡Pobre pecador! En pleno pecado y sin los seis *rin* que se pagan por atravesar el Aqueronte amarillo, debió haber ido al infierno inmediatamente. Pero por fortuna el dios de los muertos conocía su genio artístico y admiraba su imagen de Kawanon.

—Vuelve a tierra —le dijo—, vuelve a tu templo, y conságrate a concluir la divina estatua.

Itsari obedeció. Meses y meses, años y años, trabajó sin descanso. La imagen estaba ya casi terminada. Las cien manos, en la actitud de la oración, elevábanse hacia el cielo, y eran tan delicadas, que los que las veían no podían menos que adorarlas.

Al fin, una noche, cuando ya creía su labor concluida, sentóse el pobre bonzo ante su obra. De pronto una mujer entró en la estancia. Era una admirable *oirán*, vestida de ricas sedas.

—¡Otzumi! —exclamó Itsari.

—Yo misma . . . yo que te amo aún.

Sus manos se juntaron. Sus labios se buscaron.

Al día siguiente, los bonzos encontraron muertos al pie de la estatua al escultor y a la cortesana. Y sin duda hubieran pensado que aquella muerte repentina era un castigo por haberse amado. Pero no fue posible creerlo. Las cien manos de la diosa, que la víspera hacían el ademán de orar vueltas hacia el cielo, habíanse tornado hacia la tierra y bendecían a los amantes muertos.

Enrique Gómez Carrillo

RETOZOS

No tenía nada que hacer, lo hizo y se fue.
JOSÉ SABRE MARROQUÍN

JUS PRIMAE NOCTIS

El señor feudal era un hombre alto, delgado y anguloso, de modales refinados. Los recién casados lo miraron azorados, con un pavor no exento de respeto.

"Vengo a reclamar mis derechos —dijo el señor suavemente—. La primera noche me pertenece." Los aldeanos no se atrevieron a replicar. El blanco caballo sin jinetes que se encontraba junto al del barón piafó. El soldado que lo sujetaba de las riendas le acarició el pescuezo para calmarlo.

El señor feudal sonrió. "Vas a venir conmigo al castillo, pichoncito —dijo—: verás que te va a gustar." Acto seguido obligó a su corcel a dar la media vuelta y se alejó en dirección del fuerte señorial, no sin antes haber hecho una seña a sus guardias.

Los soldados sujetaron al novio y lo montaron en el caballo blanco. La novia se quedó llorando en la aldea.

Manuel R. Campos Castro

¿Qué cómo, en fin, tenía yo los brazos? Verá usted; yo vivía en una casa de dos piezas. En una me vestía y en la otra me desnudaba. Y siempre ha habido curiosos que se interesan en ver y suponer. Ahora usted me querría ver los brazos. Entonces ellos querrían verme lo que usted ve. Y yo, en ese momento, trataba de cerrar la ventana.

Salvador Novo: *Ensayos y poemas*

El monstruo

Marta sale, con su madre, de la exposición de pintura, muy seria. Desde hace una temporada, se hace a sí misma una pregunta indiscreta e intenta, en vano, responder a ella. Aquel paseo entre cuadros aumenta todavía más su turbación. Ha visto a las más bellas mujeres que existen, sin velo alguno y tan claramente dibujadas que hubiera ella podido seguir, con la punta del dedo, las venas azules bajo las pieles blancas, contar los dientes, los rizos y hasta las sombras sobre los labios.

Pero a todas les faltaba algo.

¡Y sin embargo ha visto a las más bellas mujeres que existen!

Marta da a su madre una "buenas noches" tristes, entra en su cuarto y se desnuda, llena de temor.

La luna, luminosa y fría, refleja las imágenes, apresándolas. Marta, inquieta, alza sus brazos puros. Como una rama que, con un esfuerzo lento, se mueve y muestra un nido.

Marta, candorosa, no se atreve apenas a mirar su vientre desnudo, semejante a la avenida de un jardín, donde crece la hierba fina.

Y Marta se dice: "¿Seré yo un monstruo, entre todas las mujeres?"

Jules Renard: *La linterna sorda*

NO ES LO MISMO

Leído en *Raymond,* del anglosajón Sir Lodge: "Algunos difuntos, poco repuestos de las costumbres de la tierra, solicitan, al ingresar en el cielo, whiskey escocés y cigarros de hoja. Listos a toda eventualidad, los laboratorios del cielo afrontan el pedido. Los bienaventurados degustan esos productos y no vuelven a pedir más."

Jules Dubosc

ERROR

Un día, hace muchos años, un individuo que había salido de su casa sin paraguas se dio cuenta de que empezaban a caer algunas gotas.

"Debería volver a casa a buscar el paraguas", pensó.

Pero después se dijo: "¡Bah! No serán más que cuatro gotas."

Y siguió andando porque tenía mucha prisa.

La lluvia empezó a caer. Entonces el individuo se refugió en un portal.

—Esperaré a que deje de llover —dijo.

Había empezado el Diluvio Universal.

Achille Campanile

En África, cuando el rey de Dafur hace una cabalgata oficial, un panegirista galopa al frente y no cesa de gritar con alta e inteligible voz: "He allí al búfalo, al toro de los toros; los demás son apenas bueyes; él es el único búfalo auténtico."

Heinrich Heine

PICARDÍA

En Pekín, no se permite que las casas se construyan sobrepasando cierta altura, pues durante los largos meses de verano las damas tienen la costumbre de sentarse a tejer o a coser en sus patios, con ropas muy ligeras.

Herbert Allen Giles

CASI

—Odio este caótico siglo XX en que nos toca vivir —exclamó Raimundo—. Ahora mismo mando todo al diablo y me voy al católico siglo XIII.

—¡Ah, es que no me quieres! —se quejó Jacinta—. ¿Y yo, y yo qué hago? ¿Me vas a dejar aquí, sola?

Raimundo reflexionó un momento, y después contestó:

—Sí, es cierto. No puedo dejarte. Bueno, no llores mas. ¡Uff! Basta. Me quedo. ¿No te digo que me quedo, sonsa?

Y se quedó.

Enrique Anderson Imbert

CHULUAPAN

Yo señor, soy de Chuluapan, para servir a usted. Le recomiendo que vaya por allá si le gusta tratar con gente franca. Si les cae mal, se lo dicen en su cara y a lo mejor hasta lo matan, pero eso sí, frente a frente. Claridosos, como nosotros decimos. Los chivos, los puercos y las gallinas andan sueltos por la calle pepenando los desperdicios y nadie se los roba, porque allá no hay ladrones. Pero eso sí, como dice el dicho, encierre usted sus gallinas si no quiere que las pise mi gallo.

Juan José Arreola: *La feria*

CONSERVACIÓN DE LA DISTANCIA

El hecho ocurre en la calle Royale. Es muy tarde. Ya no hay nadie en las calles; d'Aurevilly, que esa noche había bebido mucho vinito blanco en compañía de su amigo X, se pone a hacer aguas menores. Pasa un guardia municipal: "Caramba, señor, lo menos que puede hacer es acercarse a la pared." Porque Barbey conserva el sentido de las distancias. Y ahora se vuelve y dice:

—¿Pretende acaso que me desuelle?

André Gide

ELECTORAL

¡Ese pobre general!, otra vez lo han derrotado en las elecciones —dijo la princesa de Parma, por cambiar de conversación.

—¡Oh!, eso no es grave, no es más que la séptima vez

—dijo el duque, que como había tenido que renunciar también a la política, se complacía bastante en los reveses electorales de los demás—. Se ha consolado queriendo hacerle otro chico a su mujer.

—¡Cómo! ¿Vuelve a estar encinta esa pobre señora de Monserfeuil?

—¡Pues claro! —respondió la duquesa—, ése es el único distrito en que no ha fracasado nunca el pobre general.

Marcel Proust

ALGUACILES

Esté advertido vuecelencia que los seis géneros de demonios que cuentan los superticiosos y los hechiceros (los cuales por esta orden divide Psello en el capítulo 2º del *Libro de los demonios)* son los mismos que las órdenes en que se distribuyen los alguaciles malos. Los primeros llaman liliureones, que quiere decir ígneos; los segundos, aéreos; los terceros, terrenos; los cuartos, acuátiles; los quintos, subterráneos; los sextos, lucífugos, que huyen de la luz. Los ígneos son los criminales que a sangre y fuego persiguen los hombres; los aéreos son los soplones, que dan viento; ácueos son los porteros que prenden por si vació o no vació sin decir *agua va,* fuera de tiempo; y son ácueos, con ser casi todos borrachos y vinosos. Terrenos son los civiles, que a puras comisiones y ejecuciones destruyen la tierra. Lucífugos, los rondadores que huyen de la luz, debiendo la luz huir de ellos. Los subterráneos, que están debajo de la tierra, son los escudriñadores de vidas, y fiscales de honras y levantadores de falsos testimonios, que debajo de tierra sacan qué acusar, y andan siempre desenterrando los muertos y enterrando los vivos.

Francisco de Quevedo

INÚTIL

Un hombre que tenía aproximadamente ochenta años presentó un día al rey veinticuatro hijos, todos en edad de tomar las armas; y como el rey le preguntara si no tenía más hijos que aquellos y el anciano respondiera que sólo tenía varias hijas más, el rey le despidió airadamente, diciéndole: "¡Vete de aquí, inútil! Debiera darte vergüenza de no tener a tu edad más hijos que esos. ¿Es que faltan mujeres en mi reino?"

Francisco Bernier: *Viajes del Gran Mogol y Cachemira*

EL ANUNCIO

Se trata de inventar falsos "anuncios económicos" para los periódicos: Ejemplos:
   "Por capricho vendo todo."
   "Cambio una cosa por otra."
   "Por causa de viaje vendo maleta."
   "Sastre siniestro compra telarañas."
   "Huevo inmenso solicita propagandistas."
   "Cambio colas de piano por patas de palo."
   Etc.

Alexandro Jodorowsky

LA CLEPTÓMANA

Era poderosa y aristocrática, pero tenía la obsesión de las cucharillas.
   Es esa una cleptomanía corriente sobre todo en los

palacios reales, y por eso hubo reyes que cambiaron las de oro por otras de similor, para evitar que se llevasen tan costoso "recuerdo de S. M."

Poseía cucharillas de los mejores hoteles del mundo, de las casas más nobles —con el escudo en el agarradero—, y hasta algunas arrancadas a las colecciones napoleónicas.

Un día, sin poder resistir mi curiosidad, le pregunté qué se proponía almacenando tantas cucharillas.

Entonces la cleptómana me dijo en voz baja:

—Vengarme del mundo . . . Dejarlo sin una cucharilla . . . Que muevan el café con tenedor.

Ramón Gómez de la Serna

LA ÚLTIMA ECUACIÓN

Fue un trabajo abrumador, para dejarlo sin aliento.

Diez años estuvo encerrado en la biblioteca, sin salir, colmando hoja tras hoja, volviéndolas a leer, viajando por el prodigioso universo de matemáticas que creaba lentamente.

Al llegar al décimo año, vio perfilarse la silueta del resultado: la última ecuación, la perfecta solución, la prueba matemática de la existencia de Dios.

Tuvo que recurrir a innumerables posibilidades: a edificar un modelo exacto y teórico del universo; reunir un millón de coordenadas y atarlas en apretados rimeros, quemar todo y pesar las cenizas. Mas ahora conocía la última ecuación y la formulaba, la demostraba. Sencilla como era, abrumaba un millar de hojas. Trabajó veinte horas diarias. Y en tres meses de trabajo agotador, dio fin a la tarea, al descubrimiento definitivo del genio humano.

Trazó la última línea, dibujó amorosamente la última

letra, la subrayo dudando un momento antes de añadir la palabra "fin" en mayúsculas.

Y entonces la voz todopoderosa, majestuosa y tonante, brotó de todas partes y de ninguna. Dio un salto, lleno de susto.

—Está bien —dijo la voz—, me has encontrado. Ahora te toca a ti esconderte. Voy a contar un millón de años. Y no hagas trampa. . .

Gerard Klein

FANTASÍA VARIA

> La mariposa es un animal instántaneo inventado por los chinos.
>
> SALVADOR ELIZONDO

MALA SUERTE

Chang Tzu nos habla de un hombre tenaz que, al cabo de tres ímprobos años, dominó el arte de matar dragones y que en el resto de sus días no dio con una sola oportunidad de ejercerlo.

Jorge Luis Borges

EL BUSTO

Debíamos imaginarlo, eso es todo. Resolver este problema exige algún conocimiento de las propiedades del mármol. He aquí el procedimiento del busto romano.

Esperaba la noche cerrada. Entonces desplegando el lazo, cuya sinuosidad (sin olvidar las órbitas, los arcos ciliares, las fosas nasales, las orejas, los labios) componía sus innumerables perfiles, despeglando, repito, con método, más extensa que un río, más sólida que el acero, más flexible que la seda, esa cosa viviente, apta para cruzar una reja, para penetrar las murallas, para deslizarse bajo las puertas y por los agujeros de las cerraduras, atento (sin perder de vista su obra), atento en recordar los más ínfimos nudos que deshacía y que a la vuelta, bajo pena de muerte, tenía que rehacer exactamente, el busto ingenioso y cruel, después de haber atravesado varios inmuebles nocturnos, estranguló al hombre dormido.

Jean Cocteau: *Opera*

EL UBICUO

Al salir de la ciudad de Sravasti, el Buda tuvo que atravesar una dilatada llanura. Desde sus diversos cielos, los dioses le arrojaron sombrillas para resguardarlo del sol. A fin de no desairar a sus bienhechores, el Buda se multiplicó cortésmente y cada uno de los dioses vio un Buda que marchaba con su sombrilla.

M. Winternitz: *Indische Litteratur*

SIN FIN

Un hombre se forma tras una larga cola. Desesperado, comienza por eliminar al que está antes de él —y sigue con todos los de la fila. Hasta que otro hombre se detiene a su espalda . . .

Pedro Durán

HOLOCAUSTO DE LA TIERRA

En esa ficción alegórica, Hawthorne prevé un momento en que los hombres, hartos de acumulaciones inútiles,

101

resuelven destruir el pasado. En el atardecer se congregan, para ese fin, en uno de los vastos territorios del oeste de América. A esa llanura occidental llegan hombres de todos los confines del mundo. En el centro hacen una altísima hoguera que alimentan con todas las genealogías, con todos los diplomas, con todas las medallas, con todas las órdenes, con todas las ejecutorias, con todos los escudos, con todas las coronas, con todos los cetros, con todas las tiaras, con todas las púrpuras, con todos los doseles, con todos los tronos, con todos los alcoholes, con todas las bolsas de café, con todos los cajones de té, con todos los cigarros, con todas las cartas de amor, con toda la artillería, con todas las espadas, con todas las banderas, con todos los tambores marciales, con todos los instrumentos de tortura, con todas las guillotinas, con todas las horcas, con todos los metales preciosos, con todo el dinero, con todos los títulos de propiedad, con todas las constituciones y los códigos, con todos los libros, con todas las mitras, con todas las dálmaticas, con todas las sagradas escrituras que hoy pueblan y fatigan la Tierra. Hawthorne ve con asombro la combustión y con algún escándalo; un hombre de aire pensativo le dice que no debe alegrarse ni entristecerse, pues la vasta pirámide de fuego no ha consumido sino lo que era combustible en las cosas. Otro espectador —el demonio— observa que todos los empresarios del holocausto se han olvidado de arrojar lo esencial, el corazón humano, donde está la raíz de todo pecado, y que sólo han destruido unas cuantas formas.

Jorge Luis Borges: *Otras inquisiciones*

Una muchacha arapaho de las llanuras de Norteamérica, espió a un puerco espín que estaba cerca de un álamo. Trató de herir al animal, pero él se escondió detrás del árbol y empezó a trepar. La muchacha lo siguió, pero el animal siempre estaba fuera de su alcance: "Bueno —dijo—, voy a subir para capturar al puerco espín porque quiero sus púas, y si es necesario subiré hasta la punta." El puerco espín llegó a la punta del árbol, pero cuando ella se acercó para echarle mano, el álamo creció repentinamente y el puerco espín siguió subiendo. Miró hacia abajo y vio a sus amigos llamándola e insistiendo en que bajara: pero como ya estaba bajo la influencia del puerco espín y tuvo miedo de la gran distancia entre ella y el suelo, continuó subiendo, hasta que se convirtió en una mancha para aquellos que la veían desde abajo, y junto con el puerco espín finalmente alcanzó el cielo.

Dorsey y Kroeber: *Traditions of the Arapaho*

EL ATENTADO

Necesitamos dinero. Iremos a tomarlo donde lo haya. No nos gustan ni el trabajo ni la incertidumbre. No somos laboriosos, no somos jugadores. Compraremos pistolas y máscaras de seda fina. Una media de mujer servirá para el caso. Iremos al bosque a combinarlo todo; al café, a estudiar la guía de los ferrocarriles. Tomaremos ese hermoso tren nocturno. Está lleno de ricos que duermen. Sabemos que en determinado punto disminuye su velocidad. Pondremos ahí a nuestros amigos en el coche que habrán robado. Esperaremos. Tú dejarás tu

sitio a la hora que las circunstancias lo exijan. Yo estaré
en el pasillo, con cinco tiros en cada mano. Encenderás la
luz bruscamente. Bruscamente harás esa entrada apara-
tosa que paraliza los corazones y los miembros. No hay
que matar sino a los valerosos . . .

—Hay muchos cálculos y riesgos en este asunto. Hay
miserables que entregan carteras falaces a los compañeros. No hay tiempo de contar. Hay las ruedas espantosas
del tren que se abandona. Hay las batidas por el campo, y
alambres en los que uno cae, a oscuras. Hay, al alba, un
cigarrillo que se desprende muerto de los labios, y un
hombre como todos los hombres, cuyo dedo ya oprime el
botón del timbre . . .

Paul Valéry

JOB

Thousands Whithout Job: *The Times*

Y tornó Job a tomar su parábola y dijo:

"¿Se secará el viento o se mojará? ¿Y en la boca del
insensato molares no faltarán?

"Porque naciéronme en la tierra siete hijas y siete
hijos.

"Y fui poseedor de quinientas asnas y tres mil camellos, y taquígrafas y taquígrafos; y fui jefe de departa-
mento.

"Y un día vinieron los hijos de Dios delante del Ministro. Y entre ellos vino Satanás.

"Y dijo a Jehová, Satanás: 'Quítale a Job el empleo.
Porque en pobreza aun el recto se torcerá, y el perfecto te
hará política.'

"Y mis asnas y mis camellos abandonáronme. Y el pelo
crecía sobre mis orejas. Y yo vagaba por los parques y
esperaba en las antesalas."

Salvador Novo. *Ensayos y poemas*

Había una vez un hombre a quien amaban porque contaba historias. Todas las mañanas salía de su aldea, y cuando volvía al atardecer, los trabajadores, cansados de haber trajinado todo el día, se agrupaban junto a él y le decían: —¡Vamos! Cuéntanos qué has visto hoy.

Y él contaba:

—He visto en el bosque un fauno que tañía la flauta y hacía bailar una ronda de pequeños silfos.

—Cuéntanos más. ¿Qué has visto? —decían los hombres.

—Cuando llegué a la orilla del mar vi tres sirenas, al borde de las olas, que con un peine de oro peinaban sus cabellos verdes.

Y los hombres lo amaban, porque les contaba historias.

Una mañana dejó su aldea como todas las mañanas; pero cuando llegó a la orilla del mar, he aquí que vio tres sirenas, tres sirenas al borde de las olas, que peinaban con un peine de oro sus cabellos verdes. Y continuando su paseo, cuando llegó al bosque vio un fauno que tañía la flauta a una ronda de silfos.

Ese atardecer, cuando volvió a su aldea y le dijeron, como las otras noches:

—¡Vamos! Cuenta, ¿qué has visto?

Él contestó:

—No he visto nada.

Contado por Oscar Wilde a Andre Gide

La marioneta

El marionetista, ebrio, se tambalea mal sostenido por invisibles y precarios hilos. Sus ojos, en agonía alucinada, no atinan la esperanza de un soporte. Empujado o atraído por un caos de círculos y esguinces, trastabillea sobre el desorden de su camerino, eslabona angustias de inestabilidad, oscila hacia el vértigo de una inevitable caída. Y en última y frustada resistencia, se despeña al fin como muñeco absurdo.

La marioneta —un payaso en cuyo rostro de madera asoma, tras el guiño sonriente, una nostalgia infinita— ha observado el drama de quien le da transitoria y ajena locomoción. Sus ojos parecen concebir lágrimas concretas, incapaz de ceder al marionetista la trama de los hilos con los cuales él adquiere movimiento.

Edmundo Valadés

LAS LÍNEAS DE LA MANO

De una carta tirada sobre la mesa sale una línea que corre por la plancha de pino y baja por una pata. Basta mirar bien para descubrir que la línea continúe por el piso de parqué, remonta el muro, entra en una lámina que reproduce un cuadro de Boucher, dibuja la espalda de una mujer reclinada en un diván, y por fin escapa de la habitación por el techo y desciende en la cadena del pararrayos hasta la calle. Ahí es difícil seguirla a causa del tránsito pero con atención se la verá subir por la rueda del autobús estacionado en la esquina y que lleva al puerto. Allí baja por la media de nilón cristal de la pasajera más rubia, entra en el territorio hostil de las aduanas, rampa y repta y zigzaguea hasta el muelle mayor, y allí (pero es difícil verla, sólo las ratas la siguen para trepar a bordo) sube al barco de turbinas sonoras, corre por las planchas de la cubierta de primera clase, salva con dificultad la escotilla mayor, y en una cabina donde un hombre triste bebe coñac y escucha la sirena de partida, remonta por la costura del pantalón, por el chaleco de punto, se desliza hasta el codo, y con un último esfuerzo se guarece en la palma de la mano derecha, que en ese instante empieza a cerrarse sobre la culata de una pistola.

Julio Cortázar

El buitre

Érase un buitre que me picoteaba los pies. Ya había desgarrado los zapatos y las medias y ahora me picoteaba los pies. Siempre tiraba un picotazo, volaba en círculos inquietos alrededor y luego proseguía la obra. Pasó un señor, nos miró un rato y me preguntó por qué toleraba yo al buitre.

—Estoy indefenso —le dije—, vino y empezó a picotearme, yo lo quise espantar y hasta pensé torcerle el pescuezo, pero estos animales son muy fuertes y quería saltarme a la cara. Preferí sacrificar los pies; ahora están casi hechos pedazos.

—No se deje atormentar —dijo el señor—, un tiro y el buitre se acabó.

—¿Le parece? —pregunté—, ¿quiere encargarse usted del asunto?

—Encantado —dijo el señor—; no tengo más que ir a casa a buscar el fusil, ¿puede usted esperar media hora más?

—No sé —le respondí, y por un instante me quedé rígido de dolor; después añadí—: por favor, pruebe de todos modos.

—Bueno —dijo el señor—, voy a apurarme.

El buitre había escuchado tranquilamente nuestro diálogo y había dejado errar la mirada entre el señor y yo. Ahora vi que había comprendido todo: voló un poco lejos, retrocedió para lograr el ímpetu necesario y como un atleta que arroja la jabalina encajó el pico en mi boca, profundamente. Al caer de espaldas sentí como una liberación; que en mi sangre, que colmaba todas las profundidades y que inundaba todas las riberas, el buitre irreparablemente se ahogaba.

Franz Kafka: *La metamorfosis*

EL PADRE Y EL HIJO

En un pueblo de la provincia de Izumo vivía un campesino tan pobre que cada vez que su mujer daba a luz a un hijo, lo arrojaba al río.

Seis veces renovó el sacrificio. Al séptimo alumbramiento, consideróse ya suficientemente rico como para conservar al niño y educarlo.

Poco a poco, con gran sorpresa suya, fue encariñándose con el pequeño.

Una noche de verano encaminóse a su jardín con el infante en brazos. Este tenía cinco meses.

La noche, iluminada por una luna inmensa, era tan resplandeciente que el campesino exclamó:

—¡Ah, qué noche tan **maravillosamente hermosa**!

Entonces el niño, mirándolo fijamente y expresándose como persona mayor, dijo:

—¡Oh, padre, la última vez que me arrojaste al agua, la noche era tan hermosa como ésta, y la luna nos miraba como ahora . . .!

Lafcadio Hearn

PIEDAD

En ocasiones se apela a la piedad de los dioses para que llueva. Cuando sus mieses están agostándose por la solana, los zulúes buscan un "pájaro celestial", lo matan y lo arrojan a una charca. Después el cielo se apiada con terneza por la muerte del pájaro y "llora por él, lloviendo y llorando una plegaria funeral".

James George Frazer: *La rama dorada*

LA ARAÑA

He pensado que algún día me llevarías a un lugar habitado por una araña del tamaño de un hombre y que pasaríamos toda la vida mirándola, aterrados.

Feodor Dostoiewski: *Los poseídos*

LA ALHAJA

Francina pasea y no piensa en nada. De repente su pie derecho rehusa pasar delante de su pie izquierdo.

Vedla pues plantada, inconmovible, ante un escaparate.

No se ha parado para mirarse en los espejos ni arreglarse el cabello. Mira una alhaja. La mira obstinadamente y si la alhaja tuviera alas iría por sí misma a colocarse, sortija, en el dedo de Francina; broche, sobre su blusa o, pendiente, en el lóbulo de su oreja.

Para verla mejor, entorna los ojos, y llega, para poseerla al menos bajo sus párpados, a cerrarlos. Parece que duerme.

Pero detrás del escaparate, llegada del fondo de la tienda, aparece una mano. Surge blanca y fina del puño de la camisa. Se diría que entra hábilmente en una pajarera. Está acostumbrada. Sin quemarse en el fuego de los diamantes, sin despertar a las piedras adormecidas, se insinúa entre ellas y con la punta de sus ágiles dedos como haciendo los cuernos a Francina que le observa con inquietud, roba la alhaja.

Jules Renard: *La linterna sorda*

A pleno día.

El psiquiatra: Desnúdese.
La histérica: ¡Imposible!
El psiquiatra: Me desnudaré yo, entonces.
La histérica: Como usted guste.

(El psiquiatra se desnuda).

El psiquiatra: ¿Ve usted qué sencillo?
La histérica: ¡Asombroso! Probaré yo a hacerlo.

(Se desnuda. Suena el teléfono).

El psiquiatra: Sí, señor, inmediatamente. *(A la paciente)*
Le habla su marido.

(La histérica toma el audífono).

La histérica: ¿Eres tú, queridito?
La voz lejana: Soy yo, ¿no te da vergüenza? *(La histérica se mira).*
¿Ni siquiera pensaste en los niños?

(Pausa).

Y por si fuera poco, ¿no sientes frío?
La histérica: Perdóname; no siento frío. ¿Me perdonas?
La voz lejana *(Tras un silencio):* Está bien, te perdono.
¡Que no vuelva a repetirse!

(La histérica deja el audífono y se vuelve. Da un grito, cubriéndose. Está desnuda en una zapatería.)

Francisco Tario: *Tapioca Inn*

Tengo razones fundadas, doctor —dijo el hombre de impoluto traje blanco, pacientemente recostado en el diván del psiquiatra—, para suponer que padezco de una personalidad dividida.

El psiquiatra anotó en su libretita que, tentativamente, desechaba la presencia de una esquizofrenia: en general, una persona afectada de tal dolencia evita la consulta con el médico.

La consulta duró casi dos horas. Hubo preguntas cortas y respuestas largas. Aparentemente más tranquilo, el hombre se despidió del psiquiatra, pagó a una secretaria el valor de la consulta, y ganó la puerta.

En la calle, vestido de negro riguroso, le esperaba otro hombre.

—¿Lo confirmaste? —preguntó el hombre de negro.

—No sé —fue la respuesta del hombre de blanco.

Luego se fundieron en un solo individuo, enfundado en un traje gris.

Álvaro Menén Desleal

SECRETO ABSOLUTO

Cuando su hermano le preguntó al Faraón Tanepthis qué buscaban, en esa noche de luna, veinte esclavos negros, éste respondió:

—Cavan buscando su propia muerte —explicándole que le habían ayudado a transportar, a un lugar secreto, el cuerpo de su bella y dulce esposa, Zuleica, su mayor tesoro, y no quería que nadie en el mundo conociera el sitio en el cual sus restos esperaban la eternidad.

Los esclavos fueron envenenados con vino al celebrar

el término de una obra cuyo fin verdadero ignoraban. Veintiún hombres fueron enterrados y el apesarado y real esposo regresó solo a su fastuoso palacio.

Óscar Acosta

EL TESTAMENTO

Un hombre rico deja en su testamento su casa a una pareja pobre. Ésta se muda ahí; encuentran un sirviente sombrío que el testamento les prohíbe expulsar. Éste los atormenta; se descubre, al fin, que es el hombre que les ha legado la casa.

Nathaniel Hawthorne: *Cuadernos de apuntes*

EL HOMBRE Y SU SOMBRA

La "Carta del tiempo" número 116 correspondiente al año de 1962, aparte de indicar que la humedad relativa a la fecha era de noventa por ciento, y la presión atmosférica de 1011.0 milibaras —y otras cosas de igual jaez, como la temperatura, el crepúsculo civil, etc.—, decía esto como algo de no mayor importancia:

> Finalmente, hay que mencionar que los días 16 y 17 de agosto, a las 12:04 horas pasado meridiano, el sol, por segunda vez en este año, se encuentra en el cenit y proyecta su sombra.

Fue un grave problema para Williams: Al salir de casa, pisó la calle pero no vio su sombra. Dedujo por eso que había muerto, y se echó a dormir.

Williams fue enterrado; mas su sombra, que conocía el fenómeno, pasa las horas del día sentada a la puerta del Servicio Meteorológico, clamando por un cuerpo, y es gran molestia para los empleados.

Álvaro Menén Desleal: *Cuentos breves y maravillosos*

ANTI-UTOPÍA

La utopía, la absoluta Anti-Utopía, sería para Münster la cárcel perfecta, situada en una isla, con guardianes eternos y en la cual se aplicarían eternas penas de reclusión, los días serían absolutamente iguales, los presidiarios repetirían los mismos actos todos los días, la comida sería siempre la misma, la evasión estaría excluida de toda posibilidad, y no habría tampoco lugar a la liberación por la muerte. Al mismo tiempo guardianes y convictos estarían esperando siempre un hecho que se escapara de la medrosa rutina, y esta espera se convertiría en parte esencial del rito. De allí surgirían para Münster la idea de la libertad, y el impulso del progreso.

Pedro Gómez Valderrama

¿EXAGERACIONES?

> Y a una señal del rey, se adelantó el portaal-
> fanje, ¡y de un solo tajo hizo del persa dos
> persas!
>
> *Las mil noches y una noche*

IMPOSIBLE

En el siglo XVIII un gran autor chino se rompió la
cabeza. Quería un relato absolutamente fantástico, vio-
lando todas las leyes del mundo. ¿Qué se le ocurrió? Esto:
su héroe, especie de Gulliver, llega a un país donde *los
comerciantes tratan de vender a precios ridículamente bajos, y
donde los clientes insisten en pagar precios exorbitantes.*

Henri Michaux

ESCOTES ABUSIVOS

Los escotes "abusivos" son denunciados por el cardenal
Oliver Maillard en 1502, durante su sermón de cua-
resma, cuando aconseja a las damas que lo usan que
"jamás deberán salir sin las campanillas —como lo hacían
los leprosos—, a fin de prevenir a los transeúntes de su
presencia".

En *Nueva Vida*

A la hora del cofi-breik bajé a la cafetería de la planta, pedí un café. Estaba cansado de la rutina y de mi trabajo, tenía que descansar.

Mientras sorbía lentamente mi café me puse a observar una pintura marina, bastante mala, que colgaba de la pared.

Pensé en Acapulco, en el mar, puestas de sol, Puerto Escondido, me iba absorbiendo cada vez más y más.

Salí de este ensimismamiento cuando una ola mojó mis pies.

Abraham Dantus B.

COMO EN LAS PELÍCULAS FRANCESAS

Después de hacerle el amor, encendió un cigarrillo y lo fumó, pensativo: como en las películas francesas . . .

Luego se levantó del lecho y empezó a vestirse lentamente: como en las películas francesas . . .

La miró, apagó el cigarro presionando fuertemente sobre el cenicero, y salió sin despedirse: como en las películas francesas . . .

Al llegar a su casa, encontró a su mujer acostada con otro: como en las películas francesas . . .

Armando Rodríguez Dévora

¿DUDOSO?

Tomó dos onzas de cubebas chinas, una onza de extracto grasoso de cáñamo jónico, una onza de cariófilo, una onza de canela roja de Serendib, diez dracmas de cardamomo blanco de Malabar, cinco de jengibre de la India, cinco de pimienta blanca, cinco de pimienta de las islas, una onza de las bayas de anís de estrella hindú y media onza de tomillo del monte. Todas estas cosas las mezcló con pericia después de haberlas machacado y colado. Añadió miel pura, hasta que el conjunto se convirtió en una pasta espesa y a continuación mezcló con ésta cinco granos de almizcle y una onza de huevas de pescado molidas. Finalmente añadió un poco de agua de rosas concentrada y lo puso todo en el cuenco. . . diciendo: "He aquí una mezcla que endurecerá los huevos y espesará la savia, cuando se haga demasiado fluida. . . Has de comer esta pasta dos horas antes del coito, pero durante tres días antes de esto no has de comer más que pichones asados condimentados generosamente con especias, pescado macho con la crema completa y huevos de carnero ligeramente fritos. Si después de esto no horadas las mismísimas paredes del cuarto y dejas preñados los propios fundamentos de la casa, puedes cortarme la barba y escupirme en la cara.

"Cuento del lunar postizo," *Las mil noches y una noche*

LOS FRANCOTIRADORES

A la vez, innumerables compañías de francotiradores se organizaron con gran entusiasmo: "Los hermanos de la muerte", "Los chacales de la Narbonesa", "Los trabucos del Ródano". Los había de todos los nombres, de todos los colores, como centáureas en un campo de avena, y llevaban penachos, plumas de gallo, sombreros gigantes, cintos anchos de tres palmos. . . Para parecer más terribles, los francotiradores se dejaban crecer la barba y los mostachos de tal modo, que en el paseo nadie se reconocía. A lo mejor, de lejos, veíase un bandido de los Abruzzos, que se echaba sobre vosotros, con los mostachos retórcidos como garfios, los ojos llameantes, haciendo un terrible ruido de sables, revólveres y yataganes; y luego, cuando se acercaba, conocíais que era Pegoulade, el recaudador. Otras veces os tropezábais en la escalera con Robinson Crusoe en persona, con un sombrero puntiagudo, su cuchillo de sierra y un fusil en cada hombro; a fin de cuentas, resultaba ser Costacalde, el armero, que volvía de comer fuera de casa. El caso es que, a fuerza de adoptar aspectos feroces, los tarasconeses acabaron por aterrorizarse unos a otros, y al poco tiempo nadie se atrevía a salir de casa.

Alphonse Daudet

EN MICROONDAS

Aquella señora se ponía tantos tubos en la cabeza, que una tarde, cuando menos lo esperaba, comenzó a captar con toda claridad a un radioaficionado de Melbourne, Australia.

Jorge Marín P.

HIPÓTESIS

La gripe es una enfermedad peligrosa.

Yo conocí una niña en nochebuena, quien soportó la enfermedad sin quejarse.

Le subió la fiebre hasta más allá de lo inconmensurable.

Ardió su cuerpo, su ropa, la cama, la recámara, la casa, una manzana entera, su barrio, la ciudad. . .

Las llamas se extendieron a todo el universo que entonces comenzó a formarse como le conocemos hoy.

Leopoldo Borrás

INAPELABLACIONES

CUENTO

Se cuenta de Voltaire que una noche se alojó, con algunos compañeros de viaje, en una posada del camino. Después de cenar, empezaron a contar historias de ladrones. Cuando le llegó el turno a Voltaire, dijo:

—Hubo una vez una Recaudador General de Impuestos —y se calló.

Como los demás lo alentaran a proseguir, añadió:

—Ése es el cuento.

Ambrose Bierce

TRINCHERA

En el frente, año de 1917. Un general efectúa una visita de inspección. Dirigiéndose a un *poilu,* que hace guardia en la trinchera, pregunta.

—¿Qué hay en el otro lado?

(Quería decir "¿Qué sucede en el campo enemigo?")

El soldado, mientras carga su pipa, responde con flema:

—¿Que qué hay en el otro lado? Los otros imbéciles.

Anónimo

DE DEL VALLE INCLÁN

No olvidaremos esa anécdota terrible que se cuenta de él, cuando subió a casa de aquel pobre marido engañado que por la mirilla le preguntó con su voz aflautada: "¿Quién es usted?", contestándole don Ramón: "El padre de sus hijos."

Ramón Gómez de la Serna

A UNA MUJER

En un tiempo te conocí, pero si nos encontramos en el Paraíso, seguiré mi camino y no daré vuelta la cara.

Robert Browning

LA PARTIDA

Di orden de ir a buscar mi caballo al establo. El criado no me comprendió. Fui yo mismo al establo, ensillé el caballo y monté. A lo lejos oí el sonido de una trompeta, le pregunté lo que aquello significaba. Él no sabía nada, no había oído nada. En el portón me detuvo, para preguntarme: "¿Hacia dónde cabalga el señor?" "No lo sé —respondí—. Sólo quiero irme de aquí, solamente irme de aquí. Partir siempre, salir de aquí." "¿Conoces, pues, tu meta?", preguntó él. "Sí —contesté yo—. Lo he dicho ya. Salir de aquí: ésa es mi meta."

Franz Kafka: La muralla china

AUREA MEDIOCRITAS

Malherbe no estaba muy seguro de que hubiera otra vida, y decía cuando le hablaban del Infierno o del Paraíso: "He vivido como todos, quiero morir como todos, quiero ir donde van todos."

Gédéon Tallemant des Réaux: *Les historiettes* (c. 1659)

FILIACIÓN DE LOS BIENAVENTURADOS

Después de un altercado sobre política, el doctor Johnson, que era conservador, y el padre de Boswell, que era liberal, se despidieron amistosamente. Ahora están en otro, y más alto, modo de existencia: y, como los dos fueron meritorios cristianos, confío que se hayan encontrado en la felicidad. Debo, sin embargo, observar, de acuerdo a los principios políticos de mi amigo, y a los míos propios, que se han encontrado en un sitio donde no entran liberales.

James Boswell: *Journal of a tour to the Hebrides*

DEVOTO

En el año del Señor de 1682.
Al anciano y querido Sr. John Higginson:
Se ha hecho a la mar un barco llamado *Welcome* que lleva a bordo cien o más de las personas malévolas y heréticas llamadas cuáqueros, con W. Pen a la cabeza, el jefe de ellos. El Tribunal General ha dado órdenes sagra-

das al maestro Malachi Huscott, del barco *Porpoise,* para atacar al *Welcome* disimuladamente y tan cerca del Cabo de Cod como sea posible y hacer cautivos a Pen y a su infiel gente, de manera que el Señor sea glorificado en esta nueva tierra y no burlado con la adoración demoniaca de esta gente. Podrían sacarse muchas ventajas si se vende el grupo completo a los Barbàdos, donde se obtienen buenos precios por los esclavos en ron y en azúcar; y no solamente haremos gran bien al Señor castigando a los malvados, sino que haremos grandes bienes a su Ministro y pueblo.

Vuestro en las entrañas de Cristo.

Cotton Mather

Karl Menninger: *Love Against Hate*

ASIENTO

Venido un embajador de Venecia a la corte del gran turco, dándole audiencia a él juntamente con otros muchos que había en su corte, mandó el gran turco que no le diesen silla al embajador de Venecia, por cierto respecto. Entrados los embajadores, cada cual se sentó en su debido lugar. Viendo el veneciano que para él faltaba silla, quitóse una ropa de majestad que traía de brocado hasta el suelo, y sentóse encima de ella. Acabando todos de relatar sus embajadas y hecho su debido acatamiento al gran turco, salióse el embajador veneciano, dejando su ropa en el suelo. A esto dijo el gran turco:

—Mira, cristiano, que te dejas tu ropa.

Respondió:

—Sepa su majestad, que los embajadores de Venecia acostumbran dejar las sillas en que se sientan.

Juan de Timoneda

La mujer del fotógrafo era joven y muy bonita. Yo había ido en busca de mis fotos de pasaporte, pero ella no me lo quería creer.

—No, usted es el cobrador del alquiler, ¿verdad?

—No, señora, soy un cliente. Llame usted a su esposo y se convencerá.

—Mi esposo no está aquí. Estoy enteramente sola por toda la tarde. Usted viene por el alquiler, ¿verdad?

Su pregunta se volvía un poco angustiosa. Comprendí, y comprendí su angustia: una vez dispuesta al sacrificio, prefería que todo sucediera con una persona presentable y afable.

—¿Verdad que usted es el cobrador?

—Sí —le dije resuelto a todo—, pero hablaremos hoy de otra cosa.

Me pareció lo más piadoso. Con todo, no quise dejarla engañada, y al despedirme, le dije:

—Mira, yo no soy el cobrador. Pero aquí está el precio de la renta, para que no tengas que sufrir en manos de la casualidad.

Se lo conté después a un amigo que me juzgó muy mal:

—¡Qué fraude! Vas a condenarte por eso.

Pero el Diablo, que nos oía dijo:

—No, se salvará.

Alfonso Reyes: *Briznas*

MILAGROS

Me ejercité —hasta donde puedo, que es
poco—en la inmensa fe de ya no negar nada.
                                    ALFONSO REYES

EXVOTO

En una iglesia del pintoresco pueblo de Tepoztlán existe
un retablo (exvoto) en el que se ve a un campesino, de
hinojos, dando gracias a la Virgen por el milagro que le
hizo. La leyenda al pie del cuadro dice: "Juan Crisóstomo
Vargas, vecino de este lugar, da gracias con toda su con-
trita alma a la Santísima Virgen por el milagroso favor que
le hizo la noche del 22 de mayo de 1916 al haber impedido que las fuerzas zapatistas se lo llevaran como llevaron a sus tres pobrecitas hermanas."

                                    En *El Hijo Pródigo*

MEJOR NO

Un clérigo que descreía del mormonismo fue a visitar a
Joseph Smith, el profeta, y le pidió un milagro. Smith le
contestó:
    —Muy bien, señor. Lo dejo a su elección. ¿Quiere

usted quedar ciego o sordo? ¿Elige la parálisis, o prefiere que le seque una mano? Hable, y en el nombre de Jesucristo yo satisfaré su deseo.

El clérigo balbuceó que no era esa la clase de milagro que él había solicitado.

—En tal caso, señor —dijo Smith—, usted se va a quedar sin milagro. Para convencerlo a usted no perjudicaré a otras personas.

M. R. Werner. *Brigham Young*

El dedo

Un hombre pobre se encontró en su camino a un antiguo amigo. Éste tenía un poder sobrenatural que le permitía hacer milagros. Como el hombre pobre se quejara de las dificultades de su vida, su amigo tocó con el dedo un ladrillo que de inmediato se convirtió en oro. Se lo ofreció al pobre, pero éste se lamentó de que eso era muy poco. El amigo tocó un león de piedra que se convirtió en un león de oro macizo y lo agregó al ladrillo de oro. El pobre insistió en que ambos regalos eran poca cosa.

—¿Qué más deseas, pues? —le preguntó sorprendido el hacedor de prodigios.

—¡Quisiera tu dedo! —contestó el otro.

Feng Meng-lung

Acto de fe

Chu Fu Tze, negador de milagros, había muerto; lo velaba su yerno. Al amanecer, el ataúd se elevó y quedó suspendido en el aire, a dos cuartas del suelo. El piadoso yerno se horrorizó.

—Oh, venerado suegro —suplicó—, no destruyas mi fe de que son imposibles los milagros.

El ataúd, entonces, descendió lentamente, y el yerno recuperó la fe.

Hebert Allen Giles: *Confuncianism and its Rivals*

No valía

Un yogui quería atravesar un río, y no tenía el penique para pagar la balsa y cruzó el río caminando sobre las aguas. Otro yogui, a quien le contaron el caso, dijo que el milagro no valía más que el penique de la balsa.

W. Somerset Maugham

Historia verídica

A un señor se le caen al suelo los anteojos, que hacen un ruido terrible al chocar con las baldosas. El señor se agacha afligidísimo porque los cristales de anteojos cuestan muy caro, pero descubre con asombro que por milagro no se le han roto.

Ahora este señor se siente profundamente agradecido, y comprende que lo ocurrido vale por una advertencia amistosa, de modo que se encamina a una casa de óptica y adquiere en seguida un estuche de cuero almohadillado doble protección, a fin de curarse en salud. Una hora más tarde se le cae el estuche, y al agacharse sin mayor inquietud descubre que los anteojos se han hecho polvo. A este señor le lleva un rato comprender que los designios de la Providencia son inescrutables, y que en realidad el milagro ha ocurrido ahora.

Julio Cortázar

MOTIVOS ORIENTALES

El egoísta

Una versión recogida por Sir William Jones quiere que
un dios del Indostán, a quien el celibato afligía, solicitara
de otro dios que éste le cediera una de sus 14 516 mujeres. El marido consintió con estas palabras: "Llévate a la
que encuentres desocupada." El necesitado recorrió los
14 516 palacios; en cada uno la señora estaba con el
señor.

Éste se había desdoblado 14 515 veces, y cada mujer
creía ser la única que gozaba de sus favores.

Simao Pereyra, S. J.

La mujer regalada

Atacaban Constantinopla los ingleses y fracasaron en su
empeño gracias a los consejos del general Sebastiani.
Agradecido el sultán Selim, dijo a éste:
—Pídeme cuanto quieras y te lo concederé.
—Ruego a Su Alteza que me deje ver el harem.
—Está bien, lo verás.
Luego de haberlo visitado, le preguntó el sultán:
—¿Te agradó alguna de las mujeres que viste?
—Sí —respondió el general. Y señaló a una de ellas.
—Está bien —dijo nuevamente el sultán.

Y en la noche, el general Sebastiani recibió en un plato maravillosamente cincelado la cabeza de la mujer que lo cautivara, con este mensaje:

"En mi calidad de musulmán, no podía ofrecerte a ti, cristiano, una mujer de mi religión. Pero puedes estar seguro de que ésta, en la que demoraste tus miradas, ya no pertenecerá a nadie en la tierra."

Edmond y Jules de Goncourt: Diario

El buen decapitador

De una narración de Koestler, Oswaldo Díaz Ruanova recrea la historia de Wang Lung, modelo de verdugos, cuyo eficaz arte con la cimitarra floreció durante la dinastía Ming, al servicio de un emperador que lo aplicaba para sus odios irreprimibles contra hombres ingeniosos o inteligentes.

Wang Lung cultivó, durante 50 años de múltiples pero de insatisfechos experimentos, una obsesión que fue su ideal: decapitar a un condenado con un tajo tan rápido y certero, que de acuerdo a las leyes de la inercia, la cabeza de la víctima permaneciera plantada sobre el tronco así como un plato queda inmóvil sobre una mesa si se jala diestramente del mantel.

El afán de perfección de Wang Lung se cumplió cuando él pasaba la cumbre de los sesenta años. Al pie del patíbulo, después de cercenar y hacer rodar por el polvo a diecinueve cabezas, impulsadas por su inimitable juego de mandoble, su vieja ambición fue colmada con el vigésimo condenado, un mandarín, Kío, famoso por su ingenio y elegancia.

En un silencio expectante, el noble joven empezó a subir los escalones del patíbulo, cuando el sable de Wang

Lung relampagueó de pronto a velocidad tan increíble, que la cabeza continuó en su lugar, en tanto Kío ascendió los escalones restantes sin advertir lo ocurrido, por lo que al llegar ante su verdugo le habló así:

—¡Oh, cruel Wang Lung! ¿Por qué prolongas la agonía de mi espera, cuando decapitaste a los demás con tan piadosa y amable rapidez?

Al oír estas palabras, Wang Lung comprendió que la ambición de su vida y de su arte se había cumplido. Una leve sonrisa serena y luminosa se extendió por su rostro, y con exquisita cortesía, respondió así al decapitado:

—Tenga la amabilidad de inclinar la cabeza.

Revista *Siempre!*, 1961

EL JURAMENTO DEL CAUTIVO

El Genio dijo al pescador que lo había sacado de la botella de cobre amarillo:

—Soy uno de los genios heréticos y me rebelé contra Salomón, hijo de David (¡que sobre los dos haya paz!). Fui derrotado; Salomón, hijo de David, me ordenó que abrazara la fe de Dios y que obedeciera sus órdenes. Rehusé; el Rey me encerró en ese recipiente de cobre y estampó en la tapa el Nombre Muy Alto, y ordenó a los genios sumisos que me arrojaran en el centro del mar. Dije en mi corazón: a quien me dé la libertad, lo enriqueceré para siempre. Pero un siglo entero pasó, y nadie me dio la libertad. Entonces dije en mi corazón: a quien me dé la libertad, le revelaré todas las artes mágicas de la tierra. Pero cuatrocientos años pasaron y yo seguía en el fondo del mar. Dije entonces: a quien me dé la libertad, yo le otorgaré tres deseos. Pero novecientos años pasaron. Entonces, desesperado, juré por el Nombre Muy Alto: a quien me dé la libertad, yo lo mataré. Prepárate a morir, oh mi salvador.

Las mil noches y una noche

El poeta hindú Tulsi Das compuso la gesta de Hanuman y de su ejército de monos. Años después, un rey lo encarceló en una torre de piedra. En la celda se puso a meditar y de la meditación surgió Hanuman con su ejército de monos y conquistaron la ciudad e irrumpieron en la torre y lo libertaron.

R. F. Burton: *Índica*

Los dos flechadores

Kan Ying, en la antigüedad, era un arquero hábil. Cuando tensaba el arco, los animales se desplomaban y los pájaros caían del aire. Su discípulo llamado Fei Wei sobrepasaba aún al maestro en habilidad. Por su parte, Ki Tch'ang aprendió este arte de Fei Wei, quien dijo: "Aprended primero a no parpadear, en seguida veremos cómo tirar el arco."

Ki Tch'ang volvió a su casa, se deslizó bajo el telar de su mujer y siguió con la mirada el va y viene de la lanzadera. Después de dos años de ese ejercicio, ya no parpadeaba ni aunque la punta de una lezna le rozara el ojo. Se lo contó a Fei Wei. Éste dijo. "Todavía no estás preparado. Ahora es necesario que aprendas a ver, es decir, ver grande lo que es pequeño, ver distintamente lo que es invisible. Cuando logres esto, regresa."

Ki Tch'ang entonces, puso en su ventana a un piojo colgado de una crin. Y desde el interior de su pieza observó fijamente al bicho. Al cabo de diez días, el piojo pareció crecer poco a poco. Tres años más tarde le parecía del tamaño de una rueda de carreta, de tal manera que terminó por ver los otros objetos tan grandes como montañas. Tomó un arco de cuerno de Yen y una flecha de junto de Cho y tiró. Atravesó el corazón del piojo sin romper la crin. Fue a contárselo a Fei Wei.

Éste saltó, se golpeó el pecho y dijo. "Has alcanzado tu meta." Después que Ki Tch'ang hubo asimilado el arte de Fei Wei, pensó que no tenía más que un rival en el mundo y planeó matar a su maestro. Se encontraron en un sitio desierto y tiraron el uno sobre el otro. Las puntas de sus flechas chocaron a medio camino y cayeron al suelo sin levantar polvo. Fei Wei agotó primero su provisión de flechas. A Ki Tch'ang le quedaba una: tiró. El Otro, sin errarla, la paró con la punta de una espina. Ante esto, los dos lloraron, y dejando caer sus arcos, se postraron en tierra, el uno ante el otro, uniéndose en una amistad como de padre a hijo. Se hicieron una incisión en el brazo y juraron nunca traicionar el secreto de su arte.

Lie Tseu: El Corno Emplumado

EXTEMPORÁNEO

Se dice que existió un brahmán temeroso del pecado. Una vez Dios le sonrió de improviso y le preguntó: "Dime, ¿qué puedo darte?" El brahamán se sintió tan confundido ante la súbita gracia que dijo a Dios: "¡Oh Benefactor!, no puedo pensar en nada. Lo meditaré y te responderé mañana. Debo consultar a mi mujer. Debo consultar a mis mayores." Dios dijo:"Está bien." Al día siguiente, el brahmán se cansó de esperar. El Dios que le había sonreído no volvió a aparecer jamás.

Roop Katthak

Un caso de encantamiento se encuentra en las novelas turcas traducidas por Petis de la Croix, con el título de *Historia del Sheik Schhabbedin*. La aventura recuerda también lo que la tradición musulmana cuenta sobre el rapto de Mahomet, que fue llevado a los siete cielos, al Paraíso y al Infierno, y tuvo noventa mil conferencias con el Señor, todo lo cual se cumplió en tan corto tiempo, que al volver a su lecho lo encontró todavía caliente.

Marenduzzo

El arte de cazar cigarras

Tchong ni, durante su viaje a Tch'ou, vio en las cercanías de un bosque a un jorobado que atrapaba cigarras, como si estuviera recogiendo frutos o flores. Tchong ni, dijo: "¡Qué habilidad! ¿Tiene usted un método?" "Sí —dijo el anciano—, tengo un medio secreto. Durante cinco o seis meses me ejercité en equilibrar dos bolas sobre una pértiga; cuando dejaron de caer, muy pocas cigarras se me escapaban aún. En seguida, sostuve en equilibrio tres bolas; cuando no cayeron más, una cigarra de cada diez se me escapaba todavía. Por fin, coloqué sobre la pértiga cinco bolas y cuando ya no cayeron, no tuve más que recolectar a las cigarras. Para esto pongo a mi cuerpo inmóvil como un tronco de árbol y mi brazo tenso se parece a una rama seca. De tantas cosas que hay en el mundo no conozco más que las alas de cigarra; ya no me muevo más; no cambiaría por nada del mundo a las alas de cigarra. ¿Cómo podría no cazarlas?"

Lie Tseu. *El Corno Emplumado*

131

Cuentan los hombres dignos de fe (pero Alá sabe más) que en los primeros días hubo un rey de las islas de Babilonia que congregó a sus arquitectos y magos y les mandó construir un laberinto tan perplejo y sutil que los varones más prudentes no se aventuraban a entrar, y los que entraban se perdían. Esa obra era un escándalo, porque la confusión y la maravilla son operaciones propias de Dios y no de los hombres. Con el andar del tiempo vino a su corte un rey de los árabes, y el rey de Babilonia (para hacer burla de la simplicidad de su huésped) lo hizo penetrar en el laberinto, donde vagó afrentado y confundido hasta la declinación de la tarde. Entonces imploró el socorro divino y dio con la puerta. Sus labios no profirieron queja ninguna, pero le dijo al rey de Babilonia que él en Arabia tenía un laberinto mejor y que, si Dios era servido, se lo daría a conocer algún día. Luego regresó a Arabia, juntó sus capitanes y sus alcaides y estragó los reinos de Babilonia con tan venturosa fortuna que derribó sus castillos, rompió sus gentes e hizo cautivo al mismo rey. Lo amarró encima de un camello veloz, y le dijo: "¡Oh, rey del tiempo y substancia y cifra del siglo!, en Babilonia me quisiste perder en un laberinto de bronce con muchas escaleras, puertas y muros; ahora el Poderoso ha tenido a bien que te muestre el mío, donde no hay escaleras que subir, ni puertas que forzar, ni fatigosas galerías que recorrer, ni muros que te veden el paso."

Luego le desató las ligaduras y lo abandonó en mitad del desierto, donde murió de hambre y de sed. La gloria sea con aquel que no muere.

R. F. Burton. *The Land of Midian Revisited*

Cuando el rey Chou pidió palillos de marfil, Chi Dse se preocupó. Temía que en cuanto el rey tuviera palillos de marfil no se contentaría con la loza de barro y querría vasos de cuerno de rinoceronte y jade; y en vez de frijoles y verduras, pediría manjares exquisitos, como cola de elefante y cachorros de leopardo. Difícilmente estaría dispuesto a vestir telas burdas y a vivir bajo un techo de paja; y encargaría sedas y mansiones lujosas.

"Y el temor de adónde conducirá todo esto, me inquieta", se dijo Chi Dse.

Cinco años después, en efecto, el rey Chou tenía un jardín repleto de manjares, torturaba a sus súbditos con hierros candentes y se embriagaba en un lago de vino. Y así perdió su reino.

Jan Fei Dsi

Secta de los asesinos

El heresiarca persa Hassan ibn Sabbah erigió en la cumbre de una montaña un paraíso artificial, dotado de quioscos, de músicos ocultos, de divanes y de doncellas; lo surcaban riachos de miel, de leche y de vino. Oportunas dosis de haxis adormecían a los sectarios que, sin entender cómo, se encontraban de pronto en el paraíso o fuera de él. Estas falsas visiones de un mundo sobrenatural estimulaban y afianzaban la fe. Tal es el origen auténtico de la considerable secta de los asesinos, cuyo nombre deriva de haxís.

P. Zaleski

Ts'in Kiu-Po, natural de Lang-ya, tenía sesenta años. Una noche, al volver de la taberna, pasaba delante del templo de P'on-chan, cuando vio a sus dos nietos salir a su encuentro. Le ayudaron a andar durante un centenar de pasos, luego le asieron por el cuello y lo derribaron.

—¡Viejo esclavo —gritaron al unísono—, el otro día nos vapuleaste, hoy te vamos a matar!

El anciano recordó que, en efecto, días atrás había maltratado a sus nietos. Se fingió muerto y sus nietos lo abandonaron en la calle. Cuando llegó a su casa quiso castigar a los muchachos, pero éstos, con la frente inclinada hasta el suelo, le imploraron:

—Somos tus nietos, ¿cómo íbamos a cometer semejante tropelía? Han debido ser los demonios. Te suplicamos que hagas una prueba.

El abuelo se dejó convencer por tales súplicas.

Unos días después, fingiendo estar borracho, fue a los alrededores del templo y de nuevo vio venir a sus nietos, que le ayudaron a andar. Él los agarró, fuertemente, los inmovilizó y se llevó a su casa aquellos dos demonios en figura humana; les aherrojó el pecho y la espalda y los encadenó al patio, pero desaparecieron durante la noche y él lamentó vivamente no haberlos matado.

Pasó un mes. El viejo volvió a fingir estar borracho y salió a la aventura, después de haber escondido un puñal en el pecho, sin que su familia lo supiera. Era ya muy avanzada la noche y aún no había vuelto a su casa. Sus nietos temieron que los demonios le estuviesen atormentando y salieron a buscarlo. Él los vio venir y apuñaló a uno y otro.

Kan Pao (265-316)

Un rey tenía un hijo llamado Phul. Este hijo, un día, penetró a caballo en un bosque enorme. De pronto, todo lo que había en el bosque se transformó en flores. Solamente el príncipe y el caballo permanecieron príncipe y caballo . . . Al volver al palacio, Phul contó el prodigio a su padre, quien no quiso creerle y lo reprendió por haber mentido. Llamó al *pandit* real y le ordenó leer al príncipe anécdotas y máximas contra la mentira. El príncipe, sin embargo, se obstinaba en pretender que había dicho la verdad. Entonces, el rey congregó un ejército y partió para el bosque. Allí, en un instante, se convirtieron todos en flores. Pasó un día. Luego el hijo juntó los libros de anécdotas y de preceptos y se fue al bosque, arrancó las páginas y las dispersó a los cuatro vientos. A medida que las hojas se diseminaban, los soldados del rey resucitaron, y el rey también.

Mircea Eliade: *Noche bengalí*

CIELO FINGIDO

El mono de piedra, el cerdo pecador, el delfín del desierto y el caballo que antes era dragón atravesaron una colina y vieron un templo, en cuyo pórtico estaba escrito Lui Yin Sze (Templo del Trueno), que según el caballo era la morada de un venerado santo budista. "Kwanyin habita en el Océano del Sur, Pu Hien, en la montaña de Omei, Wen Shu Pusa en Wutai; no sé quién vive aquí. Entremos." Pero el mono dijo: "No se llama el Templo del Trueno, sino el Pequeño Templo del Trueno. Entiendo que más vale no entrar." Pero el caballo insistió. El mono dijo: "Está bien, pero después no me eches la culpa."

Entraron. Vieron la imagen de Julai, con ochocientos ángeles, además de los cuatro Querubines, ocho Bodhisatvas y de innumerables discípulos. Estas imágenes llenaron de reverencia al caballo, al cerdo y al delfín, que se arrodillaron para venerarlas; pero el mono seguía indiferente. Entonces una fuerte voz exclamó: "¿Por qué el mono no venera al Buddah?" Al decir esto, se encontró encerrado en una esfera de metal, mientras el caballo era conducido a una de las piezas contiguas. El mono temió que el caballo sufriera daño. Empleó sus artes mágicas para agrandarse, pero la esfera de metal se agrandó también; se redujo entonces al volumen de una semilla de mostaza, para huir por un agujerito, pero la esfera de metal se achicó. El mono llamó en su auxilio a los espíritus de los cuatro puntos cardinales. Acudieron, pero ninguno pudo mover o dar vuelta la esfera. Buscaron auxilio en el cielo, y los ángeles de las veintiocho Constelaciones recibieron orden de intervenir. Éstos, con infinito trabajo horadaron un agujerito minúsculo, por donde el mono pudo evadirse. Así, los cuatro amigos se evadieron del fingido cielo.

Ch'iu Ch'anh Ch'un

DIVERTIMIENTOS

PALATABLES

¡Oh, dulce concupiscencia de la carne! Refugio de los pecadores, consuelo de los afligidos, alivio de los enfermos mentales, diversión de los pobres, esparcimiento de los intelectuales, lujo de los ancianos. ¡Gracias, Señor, por habernos concedido el uso de los artefactos, que hacen más que palatable la estancia en este Valle de Lágrimas en que nos has colocado!

Jorge Ibargüengoitia

LOS SENOS DE VERDADERO SEVRES

En casa del anticuario apareció la fina mujer, cuya cintura se cimbreaba en la luz.

—¿Qué desea? ¿Me trae algún abanico?

El anticuario al verla sin ningún paquete, creyó que era una de esas que se sacan de no se sabe dónde un abanico, un abanico viejo, que llena de lentejuelas la tienda cuando ellas lo abren.

Ella acercándose más al anticuario le dijo:

"Le traigo unos senos de verdadero Sèvres".

—Venga, pase —le dijo el anticuario pasándola al despachito donde compraba las joyas más importantes.

Ella entró con la determinación de la que va dispuesta a todo y allí sacó sus senos y los enseñó al anticuario.

—¿De Sèvres? . . . ¿De Sèvres? —decía el anticuario sin dejar de darles vueltas como a los jarrones a los que se busca la marca.

137

—Sí, mire usted la señal —y la mujer que tenía los más
puros senos de Sèvres, y que sabía dónde estaba el grabado frío como una cicatriz de la marca, el dijo: "Aquí
está".

El anticuario con su lupa se quedó asombrado de la
autenticidad, y comenzó a contar como quien cuenta
papeles de fumar los billetes que daba por ellos.

Y la mujer de los puros y verdaderos senos de Sèvres
salía de la tienda sin senos, lisa, como la que ha vendido
la última joya que le quedaba de sus padres.

Ramón Gómez de la Serna

DEL AVISO OPORTUNO

Hombre joven, pobre, mediocre, 21 años, manos lim-
pias, se casaría con mujer, 24 cilindros, salud, erotómana
o que hable anamita. Escribir a Jacques Rigault, 73, bou-
levard Montparnasse, París 6.

En un diario parisiense de 1921

LA MODELO

Natanson me cuenta estas palabras de Maillol:
—¡El modelo! ¡El modelo! ¿Qué me importa a mí el
modelo? Cuando tengo necesidad de informar, voy en
busca de mi mujer a la cocina, levanto la falda y ya tengo
el mármol.

Todo esto dicho con un fuerte acento del Mediodía.

André Gide

¿PREGUNTA MALÉVOLA?

El doctor Evans, médico de la emperatriz Eugenia, era propietario de un hotelito en la avenida del Bosque. Quejábase un día a Mallarmé de que el arquitecto municipal, por razón de un defecto de construcción del hotel, quería hacer demoler un piso.

Mallarmé le preguntó:

—¿Cuál de ellos?

En *Revista de Occidente*

LALEMBURGO

Siendo Lalemburgo una ciudad muy pequeña, se combate la monotonía mediante el cambio constante de domicilio, profesión, parentela y personalidad. El hombre casado que sale de su casa por la mañana temprano, se despide muy amorosamente de su esposa, pues no puede saber cuándo volverá a ella ni, por supuesto, si encontrará en su casa a la misma mujer. Durante el breve camino que recorre hacia su lugar de trabajo, tiene no menos de diez mil oportunidades para cambiar de oficio. aquí, un seto sin recortar lo llama a ejercer la jardinería, puesto que seguramente el jardinero ha ido a coser las botas de su vecino el zapatero, que a su vez se afana en decorar lo más artísticamente posible los pasteles del juez; allá, una pared manchada por la lluvia le invita a desempeñar la tarea del pintor, ocupado tal vez en cultivar el huerto del herrero; más lejos, el rumor de una fuente le sugiere alguna imagen poética que armonizaría muy bien con el estilo del deshollinador y, bajo sus pies, la tierra misma se ofrece a la curiosidad científica.

Baronesa de Munchausen *(née Rosa María Phillips).*

Un pescador sacó de una laguna un pez raro y misterioso no clasificado aún por la ictiología, de inmensa belleza y que afortunadamente logró conservar vivo.

Primero causó sensación en el pueblo. La noticia pronto corrió, y de diversos lugares llegaron especialistas interesados en adquirir, o al menos estudiar el raro ejemplar. Finalmente lo adquirió una firma americana para un conocido acuario.

El pez, sin nombre aún, fue sometido a estudios de científicos de diversas disciplinas.

Un zoólogo lo definió como *Artisticus Aquas.*

Un ictiólogo dijo que era un simple *C. Ornatissimus* muy desarrollado.

Un neuropsiquiatra aseguró que no era sino una idea fantástica extraída de la laguna mental de un genio.

Gustavo Meza

Otro tornillo

¿La pulquería es una reminiscencia oscura de la casa de rosas, el tablado de la farsa indígena, donde Xochiquetzalli daba de beber y de fumar a los dioses cazadores de pájaros, maestros de la cerbatana, cuando caían dulcemente fatigados?

—Asina se me hace, sí siñor, pero empújese asté otro tornillo.

José Gorostiza

LA ESFINGE DE TEBAS

La otrora cruel Esfinge de Tebas, monstruo con cabeza de mujer, garras de león, cuerpo de perro y grandes alas de ave, se aburre y permanece casi silenciosa. Reposa así desde que Edipo la derrotó resolviendo el enigma que proponía a los viajeros, y que era el único de su repertorio. Ahora, escasa de ingenio, y un tanto acomplejada, la Esfinge formula adivinanzas y acertijos ingenuos, que los niños resuelven fácilmente, entre risas y burlas, cuando van a visitarla a su morada, durante el fin de semana.

René Avilés Fabila

LA CAÍDA

Susana tenía entonces las mejillas pecosas de una fruta, pero ¿y Aurora? La podría reconocer por la cicatriz que debe llevar en una pierna, de resultas de una caída. Creo que fue en la huerta. Aurora había subido a un manzano y me prometía un fruto; en vez de dejar caer la manzana se dejó caer ella, distraída.

Xavier Villaurrutia

¿INOPORTUNO?

Paolo Ucello, artista del Renacimiento, insomne en sus meditaciones pictóricas, a altas horas de la noche sacudía a su mujer dormida para decirle: "¡Dios mío! ¡Qué bella es la perspectiva!"

Fernando Vela

Sabed comportaros en el mundo.

Si se os ocurre deslizar la mano bajo las faldas de la vecina, con el fin de romper hielo, hacedlo con la suficiente discreción para que su marido no se dé cuenta. Hay gente que es susceptible y a la que esto podría molestar.

Si, por casualidad, la dama pareciera encontrar un poco osada vuestra actitud, explicadle que sois tímido y que tratáis con ello de dominar vuestros complejos.

Si vuestra mano se encuentra bajo las faldas de vuestra vecina con la mano de otro invitado, colaborad cortésmente con él, así como el rey Salomón os lo hubiera equitativamente aconsejado. Entre gentes bien educadas, siempre hay modo de arreglarse.

Leo Campion

DE MAGIA Y DE MAGOS

COHERENCIA

Después de haber arrojado de los confines de Israel a todos los magos y adivinos, Saúl, dudoso sobre el éxito de la batalla contra los filisteos, fue a Endor para consultar a una pitonisa.

Pitigrilli

"STRIPTEASE" MÁGICO

Para hacer bailar a una joven desnuda tómese mejorana silvestre, mirto con tres hojas de nogal y tres hojuelas de hinojo; todo ello cogido en la noche de San Juan, antes de salir el sol. Hágase secar todo a la sombra, redúzcase a polvo, pásese por un tamiz de seda, y cuando se quiera usar, échese al aire hacia el lugar donde se halla la joven, y al momento se manifestará el resultado.

Antonio Vanegas, editor: Secretos de la Naturaleza

MAGIA AUSTRALIANA

Están en la unión más íntima con la magia negra ciertos espíritus poderosos, llamados comúnmente Djanba, que no viven en el propio país, sino entre las tribus vecinas. Moran allí en un laberinto subterráneo de corredores, del que salen para matar alguna víctima con su bumerang en forma de cabeza de pájaro. Mediante un canto mágico desprenden la carne de los huesos, para comérsela, ya que la carne humana constituye su alimento preferido. Cuando salen de la tierra van de un lado a otro sin reposo, y sin dejar huella alguna. Llevan en su interior una fuerza misteriosa, que puede salir de ellos en forma de un hilo enrollado en espiral.

A. E. Jensen

LA PIEDRA FILOSOFAL

La piedra, mantenida en el hueco de la mano, vuelve invisible. Si se la cose en un lienzo fino y con éste se ajusta bien el cuerpo para que se caliente bien, es posible elevarse en el espacio tan alto como se quiera. Para descender basta aflojar ligeramente el lienzo.

Libro de la Santa Trinidad

SUPERDOTADO

Pero aún es más curiosa y significativa en este respecto la *carta* que se supone escrita por *los veinte sabios cordobeses* a don Enrique de Villena. En tan estupendo documento se le atribuyen entre otras facultades maravillosas la de *embermejecer* el sol con la piedra *heliotropia*, adivinar lo porvenir por medio de la *chelonite*, hacerse invisible con ayuda de la hierba andrómena, hacer tronar y llover a su guisa con el *baxillo de arambre*, y congelar en forma esférica el aire, valiéndose para ello de la hierba yelopia.

Marcelino Menéndez y Pelayo

SUPERMAGOS

Después de destruir a los budistas de la India, cuentan que Sankara marchó a Nepal, donde tuvo algunas diferencias con el Gran Lama. Para probarle sus poderes sobrenaturales voló por el aire, mas cuando pasó sobre el Gran Lama, éste percibió su sombra deformándose y ondulándose por las desigualdades del suelo y clavó su cuchillo en ella; Sankara cayó y se quebró el cuello.

Cuento budista

FÓRMULA MAGICA

Dícese que uno puede volverse invisible invocando *los siete planetas, la región de la tristeza, la cabellera bifurcada de las furias, el fuego azul de Platón y el árbol de Hécate.*

Pompeyo Gener: *La muerte y el diablo*

EL ADEPTO

El adepto, después de ayunar según ciertos datos astrológicos, vestido de negro, sin metal, debía recitar por la mañana el oficio del Espíritu Santo, trazar con tiza algunos círculos y las palabras: *Rap, Lob, Oz, Fa* que indican las regiones celestes; luego colocar y encender cirios alrededor del círculo mágico, quemar los perfumes, entrar en el círculo y pronunciar determinadas palabras. *In qualique die invocavero te, velociter exaudime.* Después de extinguir las luminarias una a una, según orden fijo, el adepto se prosternaba con las manos en escuadra de plano sobre el piso, y veía apariciones.

G. de Gérin Ricard: *Histoire de l'ocultisme*

EL ENVIADO

Yo poseo la ciencia del bien y del mal; yo lavo la sangre y la infamia, y para probarlo puedo obrar milagros. Nerón me quiso decapitar y cayó la cabeza de un carnero. Cuando me persiguen ando sobre las aguas, si estoy en la costa; y si en el interior, me remonto a las nubes y luego bajo con el rayo que del cielo cae, emanación del fuego de que Dios está formado. Cambio de figura; me convierto en insecto o en pájaro, según me place. Una vez que me enterraron vivo, resucité radiante al tercer día.

Simón el Mago

MANO DE GLORIA

Aún hoy, en ciertas zonas rurales, creen en los árboles de hadas, en mesas de brujas, en hierbas mágicas, como la adormidera, la mandrágora, la genciana . . . Subsisten todavía viejas recetas de la magia negra. La más curiosa es tal vez la "mano de gloria" se coge una mano de ahor-

cado, se envuelve en una tela blanca, apretándola bien
para hacerle echar la sangre que no estuviese aún coagu-
lada; se mete durante unos quince días en un puchero de
barro, con sal o salitre, cimate y pimienta, todo cuidado-
samente pulverizado. Luego se pone al sol hasta que está
completamente seca, y si el sol no es bastante fuerte, se
mete en un horno calentado con helecho y verbena. Se
compone después, con grasa de ahorcado, con cera virgen y sésamo, una vela que se pone en la mano de gloria
como en un candelero. Por todas partes donde se encuentre con este maravilloso instrumento, si se ha tenido
cuidado de encenderlo, las gentes que se encuentren
quedan inmóviles como muertos, lo que es muy cómodo
para los criminales. . .

L. de Gérin-Ricard. *Histoire de l'occultisme*

MAGO CELTA

Soy un milagro cuyo origen se desconoce. Estuve en el
arca con Noé y Alfa; presencié la destrucción de Sodoma
y Gomorra. Estuve en África antes de la fundación de
Roma y vengo ahora a los despojos de Troya. Estuve con
mi señor junto al pesebre del asno; fortalecí a Moisés con
las aguas del Jordán. Llegué al firmamento con María
Magdalena; pasé hambre por el hijo de la Virgen; obtuve
la musa del caldero de los Keridwas. Fui un bardo arpista
de Lleon en Llochlyn. Estuve en la montaña blanca en la
corte de Kynvelyn, encadenado durante días y años. Fui
un maestro para todo el mundo y estaré hasta el Día del
Juicio sobre la faz de la tierra. . .

Taliesin

. . . Pero tuvimos un rey y su nahual era cuervo. Se hacía cuervo cuando quería, con los poderes antiguos de Topiltzin y Ometecutli. Se hacía cuervo nuestro rey, y se iba a volar sobre los sembrados ajenos, entre los cuervos de Sayula, de Autlán, de Amula y de Tamazula. Y veía que todos tenían el maíz que nos quitaron. Y como su nahual era cuervo, supo que los cuervos buscan y esconden las cosas. Y con los poderes antiguos de Topiltzin y Ometecutli, nos enseñó a todos para que nos volviéramos cuervos. Y un año limpiamos las tierras, que todas estaban llenas de chayotillo, de garañona y capitaneja. Limpiamos y labramos la tierra, como si tuviéramos maíz para sembrarla. Y cuando comenzaron las lluvias, ya para meterse el sol, nos hacíamos cuervos y nos íbamos volando para buscar el maíz que sembraban las gentes de Sayula, de Autlán, de Amula y de Tamazula. Volvíamos cada quien con su grano en el pico, a esconderlo en la tierra de Zapotlán. Pero como nos costaba mucho trabajo encontrar las semillas y todos teníamos ganas de comer maíz, nuestro Rey Cuervo dijo que los que se tragaran el grano por el camino, se quedarían ya cuervos, volando y graznando entre los surcos, buscando para siempre el maíz enterrado. Y muchos de nosotros no se aguantaron las ganas y se tragaron el grano en vez de sembrarlo en nuestra tierra, y ya no volvieron a ser hombres como nosotros . . .

Juan José Arreola. *La feria*

La protección por el libro

El literato Wu, de Ch'iang Ling, había insultado al mago Chang Ch'i Shen. Seguro de que éste procuraría vengarse, Wu pasó la noche levantado, leyendo, a la luz de la lámpara, el sagrado Libro de las Transformaciones. De prohto se oyó un golpe de viento, que rodeaba la casa, y apareció en la puerta un guerrero, que lo amenazó con su lanza. Wu lo derribó con el libro. Al inclinarse para mirarlo, vio que no era más que una figura, recortada en papel. La guardó entre las hojas. Poco después entraron dos pequeños espíritus malignos, de cara negra y blandiendo hachas. También éstos, cuando Wu los derribó con el libro, resultaron ser figuras de papel. Wu las guardó como a la primera. A media noche una mujer, llorando y gimiendo, llamó a la puerta.

—Soy la mujer de Chang —declaró—. Mi marido y mis hijos vinieron a atacarlo y usted los ha encerrado en su libro. Le suplico que los ponga en libertad.

—Ni sus hijos ni su marido están en mi libro —contestó Wu—. Sólo tengo estas figuras de papel.

—Sus almas están en esas figuras —dijo la mujer—. Si a la madrugada no han vuelto, sus cuerpos, que yacen en casa, no podrán revivir.

—¡Malditos magos! —gritó Wu—. ¿Qué merced pueden esperar? No pienso ponerlos en libertad. De lástima, le devolveré uno de sus hijos, pero no pida más.

Le dio una de las figuras de cara negra.

Al otro día supo que el mago y su hijo mayor habían muerto esa noche.

G. Willoughby-Meade: *Chinese Ghouls and Goblings*

TRANSFIGURACIONES

Se había puesto tan horroroso, que pasán-
dose la mano por la cara, sintió su fealdad.

ANATOLE FRANCE

METAMORFOSIS

No era brusco Gazel, pero decía cosas violentas e inespe-
radas en el idilio silencioso con Esperanza.

Aquella tarde había trabajado mucho y estaba ner-
vioso, deseoso de decir alguna gran frase que cubriese a
su mujer asustándola un poco. Gazel, sin levantar la vista
de su trabajo, le dijo de pronto.

—¡Te voy a clavar con un alfiler como a una mariposa!

Esperanza no contestó nada, pero cuando Gazel volvió
la cabeza, vio cómo por la ventana abierta desaparecía una
mariposa que se achicaba a lo lejos, mientras se agrandaba
la sombra en el fondo de la habitación.

Ramón Gómez de la Serna: *Caprichos*

TRIUNFO SOCIAL

El criado me entregó el sobretodo y el sombrero y, como
en un halo de íntima complacencia, salí a la noche.

"Una deliciosa velada —pensé—; la gente más agradable. Lo que dije sobre las finanzas y la filosofía los impresionó; y cómo se rieron cuando imité el gruñido del cerdo." Pero, poco después "Dios mío, es horrible, —murmuré—. Quisiera estar muerto."

Logan Pearsall Smith. *Trivia*

EL TÚNEL DEL TIEMPO

Aquel escritor ambicionaba, más que otra cosa, que le dedicaran una calle en el pueblo de su mujer, el gran amor de su vida. En aquel pueblo había pasado la orfandad de su niñez.

Nadie en el lugar tenía la menor idea de la real importancia de su obra y, sólo cuando ya muy anciano la evidencia se impuso, le dedicaron una calle.

En aquel momento el escritor estaba lejos. Pasaba una temporada con un amigo científico. Este amigo consiguió crear el túnel del tiempo. Un túnel individual que sólo servía para una vez. Le invitó a que entrara en el túnel y se trasladara a la época deseada. Entró el escritor y convertido en niño recorría las calles de su infancia en el pueblo de su mujer, y allí apedreaba la placa de la calle que le dedicarían pasando el tiempo.

A. F. Molina

ORIGEN

La mancha, la mancha creciendo bajo la ropa, en la tetilla izquierda. Como un lagarto o, mejor, como una muestra de esa lavandina negra que comenzamos a usar en la fábrica. Nos conocimos charlando, creo que así se conoce todo el mundo o casi todo. A las tres horas estábamos en la cama de un hotel que se llamaba El Halcón. Pensé en el animalejo, en su pico, en la velocidad del pico. Besarte era difícil. cuando creía que estábamos unidos, vos salías resoplando, buscando aire no sé si para volver a besarme o para morderme entre el cuello y la nuca. Y eso me sacudía, no aguantaba. Después, la mancha que vos tenías en el pecho. Mancha que encontré palpando: una lomita. No la encontré antes porque en esos momentos cierro los ojos y acaricio o muerdo como si todo fuera una inmensa oblea y abro la boca y me hundo como si por fin me encontrara con mi madre. Con ésa que alguna vez me parió y me dejó su huella, la maldita. Les contaba de la mancha. Yo llegué a ella palpando, se extendía. Comenzaba en el pezón, bajo él y seguía cortándose bruscamente en la cintura. Raro, una mujer con una explosión negra, nunca. Y te amé, no con la fuerza de siempre, no con el entusiasmo que pongo en esas cosas porque la mancha me dañaba, se metía entre nosotros. O, mejor, me separaba a mí de vos. No a vos de mí porque lo mismo (supongo) la repulsión por la mancha ya te habría pasado con otros. Cuando fumamos y vos apareciste desnuda, caminando hacia la cama y la luz de los vidrios rebotando en la mancha, era bárbaro. Como si te hubieran derramado alquitrán para reírse de vos, para condenarte a aguantar todo lo que pregunté después. No pude, no pude más. Me explicaste. "Desde nacimiento, sabes, todos, preguntan lo mismo y no sé qué creen y nunca más quieren salir conmigo." Te abrazé para hacerte olvidar, para que no pensaras que era la última vez, sino la primera de otras muchas. No me gustó que apagaras la luz, porque el medio tono me sacude.

Cuando nos bañamos vos comenzaste a blanquearte, a quedar sin la mancha, a perderla. Mientras me frotaba ese punto negro que crecía alrededor del pecho. Ese punto,

que después fue esta mancha que tengo desde que nací,
sobre la tetilla izquierda.

Ramón Plaza

POEMA MALAYO

Un poema malayo relata cómo una vez había en la ciudad
de Indrapoore un comerciante rico y próspero, pero que
no tenía hijos. Un día que paseaba con su mujer encontraron a una niñita de tierna edad y bella como un ángel.
La adoptaron y la llamaron Bidasari. El mercader mandó
hacer un pez dorado y dentro de este pez transfirió el
alma de su hija adoptiva. Después puso el pez dorado en
una caja de oro llena de agua, y la ocultó dentro de un
estanque, en medio de su jardín.

Con el tiempo la niña llegó a ser una preciosa mujer. En
este tiempo, el rey de Indrapoore tenía una reina joven y
hermosa que vivía con el temor de que el rey pudiera
tomar una segunda mujer. Así, sabiendo los encantos de
Bidasari, resolvió la reina quedar tranquila respecto a
ella. La llevaron, engatusándola, al palacio y la torturaron
cruelmente; pero Bidasari no podía morir a causa de no
tener consigo su alma. Por fin, para que no la atormenta-
ran más, dijo a la reina. "Si deseáis que muera, mandad
traed la caja que está en el estanque del jardín de mi
padre." De modo que trajeron la caja, la abrieron y allí
estaba el pez dorado en el agua. La muchacha dijo: "Mi
alma está en este pez; por la mañana sacad este pez del
agua y al atardecer ponedlo otra vez en ella. No dejéis por
cualquier lado al pez, sino atadlo a vuestro cuello. Si lo
hacéis así, yo pronto moriré." De esta manera la reina
agarró al pez de la caja y se lo ató al cuello; aún no había
terminado de hacerlo cuando Bidasari cayó desmayada.

Pero al anochecer, cuando el pez fue devuelto al agua, Bidasari volvió otra vez a la vida. Viendo la reina que así tenía en su poder a la joven, la devolvió a la casa de sus padres adoptivos, que para salvarla de más persecusiones resolvieron sacar de la ciudad a su hija. Por esto, construyeron una casa en un sitio desolado y solitario y llevaron allí a Bidasari. Vivía sola sufriendo las vicisitudes correspondientes a las que soportaba el pez dorado donde ella tenía su alma. Todo el día, mientras el pez estaba fuera del agua, ella permanecía inconsciente; pero al anochecer, cuando ponían el pez en el agua, ella revivía. Un día el rey fue de caza y al llegar donde Bidasari permanecía inconsciente, quedó prendado de su belleza. Trató de volverla en sí, pero fue en vano. Al día siguiente, hacia el anochecer, repitió su visita, pero todavía ella estaba inconsciente; sin embargo, cuando la oscuridad cayó, ella volvió en sí y contó al rey el secreto de su vida. El rey regresó a su palacio, cogió el pez que tenía la reina y lo puso en el agua. Inmediatamente Bidasari revivió y el rey la tomó por esposa.

James George Frazer: *La rama dorada*

El lobo

Logré que uno de mis compañeros de hostería —un soldado más valiente que Plutón— me acompañara. Al primer canto del gallo emprendimos la marcha; brillaba la luna como el sol a mediodía. Llegamos a unas tumbas. Mi hombre se para; empieza a conjurar astros; yo me siento y me pongo a contar las columnas y a canturrear. Al rato me vuelvo hacia mi compañero y lo veo desnudarse y dejar la ropa al borde del camino. De miedo se me abrieron las carnes; me quedé como muerto: lo vi orinar alrededor de su ropa y convertirse en lobo.

Lobo, rompió a dar aullidos y huyó al bosque.

Fui a recoger su ropa y vi que se había transformado en piedra.

Desenvainé la espada y temblando llegué a casa. Melisa se extrañó de verme llegar a tales horas. "Si hubieras llegado un poco antes —me dijo— hubieras podido ayudarnos. un lobo ha penetrado en el redil y ha matado las ovejas; fue una verdadera carnicería; logró escapar pero uno de los esclavos le atravesó el pescuezo con la lanza."

Al día siguiente volví por el camino de las tumbas. En lugar de la ropa petrificada había una mancha de sangre.

Entré en la hostería; el soldado estaba tendido en un lecho. Sangraba como un buey; un médico estaba curándole el cuello.

Cayo Petronio Árbitro

Historia de zorros

Wang vio dos zorros parados en las patas traseras y apoyados contra un árbol. Uno de ellos tenía una hoja de papel en la mano y se reían como compartiendo una broma.

Trató de espantarlos, pero se mantuvieron firmes y él disparó contra el del papel; lo hirió en el ojo y se llevó el papel. En la posada, refirió su aventura a los otros huéspedes. Mientras estaba hablando, entró un señor, que tenía un ojo lastimado. Escuchó con interés el cuento de Wang y pidió que le mostraran el papel. Wang ya iba a mostrárselo, cuando el posadero notó que el recién venido tenía cola. ¡Es un zorro!, exclamó y en el acto el señor se convirtió en un zorro y huyó.

Los zorros intentaron repetidas veces recuperar el papel, que estaba cubierto de caracteres ininteligibles; pero fracasaron. Wang resolvió volver a su casa. En el camino se encontró con toda su familia, que se dirigía a la capital. Declararon que él les había ordenado ese viaje, y su madre le mostró la carta en que le pedía que vendiera todas las propiedades y se juntara con él en la capital. Wang examinó la carta y vio que era una hoja en blanco. Aunque ya no tenían techo que los cobijara, Wang ordenó: Regresemos.

Un día apareció un hermano menor que todos habían tenido por muerto. Preguntó por las desgracias de la familia y Wang le refirió toda la historia. Ah, dijo el hermano, cuando Wang llegó a su aventura con los zorros, ahí está la raíz de todo el mal. Wang mostró el documento. Arrancándoselo, su hermano lo guardó con apuro. Al fin he recobrado lo que buscaba, exclamó y, convirtiéndose en zorro, se fue.

Niu Chiao: *Ling Kuai Lu* (siglo IX)

INVENCIONES

Última hora

"Lo apuñalaron por la espalda-lo apuñalaron por la espalda-lo apuñalaron por la espalda. . ." tartamudeaba el teletipo, convulso   dignado.

David Cruz Martínez

El ojo

Felipe II, por la noche, en la intimidad de la alcoba y durante una borrascosa lucha cuerpo a cuerpo, poseído de rabia febril, derribó por tierra a la favorita y le arrancó el ojo de una dentallada. . . La indemnizó con algunos títulos y con el gobierno de algunas provincias; pero el pesar de la verde pupila que había estropeado le inspiró la idea de incrustar en la órbita sangrienta y vacía una soberbia esmeralda engastada en plata y a la que los cirujanos de entonces dieron apariencia de mirada. . .

Jean Lorrain

El vendedor de inquietudes

(En la feria de las novedades psicológicas. Mil años después de Freud.)

—Venid: fabricados científicamente, perfeccionados por prácticas centenarias de laboratorio, os ofrezco procedimientos, increíbles, capaces de cambiar vuestro pacífico orden por inquietudes sutiles, tormentosas o crueles; inquietudes que llenan nomás un instante de la vida y que son luego un recuerdo melancólico de cosas que tal vez no fueron; inquietudes que llenan una vida y la sujetan al yugo de la dura necesidad; inquietudes que hacen cambiar un mundo e inquietudes que rizan levemente un espíritu con la magia de lo inútil. Yo puedo daros el regalo de lo imprevisto y poner en vuestra sencillez el fermento de la divinidad. Tengo aquí para vosotros un poco de dolor y un poco de gracia.

Carlos Díaz Dufoo (hijo)

El abrazo

"Qué potencia —pensaba Gumaro—, nunca pensé que fuera tan fuerte. ¡Cómo me estrecha! Pero ¡qué fría!" —¡Espera, afloja un poco, casi no puedo respirar! Nunca quise llegar a esto, sólo deseaba jugar un poco. . .

Encontraron el cadáver en la cabaña solitaria; la anaconda asesina estaría a esa hora dormitando en algún apartado lugar de la selva.

Efraín Boeta S.

El coleccionista

Un señor utiliza sus energías en coleccionar objetos. Otro decide eliminar los que tiene. Cuando no le quedan objetos materiales, comienza a eliminar movimientos, ideas, recuerdos, sentimientos, que considera innecesarios. Llega a una inamovilidad completa. El coleccionista los recoge para colocarlos en un gran armario entre sus otros objetos.

Alexandro Jodorowsky

La mujer de Hermágoras

Lo que Hermágoras había visto antes de dormirse sobre la barriga del cerdo era una mujer que él mismo había creado sin sentidos y a quien después le preguntó.

—¿Cómo será tu mundo y cómo verás las cosas?

Ella había respondido:

—Como sea y como vea las cosas, no te interesa. Será toda una irrealidad para ti porque mi mundo es distinto de como es el tuyo, de como vives y ves las cosas, pero es más real que ninguno para mí.

Oswaldo Trejo

El hijo de perra

Trabajé durante toda la semana en la construcción de una presa en el río y la noche del sábado fui a la ciudad con uno de los obreros. Con el dinero que había ganado durante la semana, jugamos a los dados en un garito y bebimos whiskey. El domingo por la noche compramos varias botellas de whiskey y contratamos a dos mujeres para que pasaran la noche con nosotros. Cuando me levanté a las cinco de la mañana del día siguiente para ir a trabajar, desperté a mi compañero y le dije que se vistiera. Se levantó, se miró durante un rato en el espejo y se bebió otro trago de la botella. Le dije que se diera prisa. Y me contestó que Dios le había estado pellizcando en los talones desde que tenía diez años, y luego cogió su pistola y gritó.

—¡Mira hacia otra parte! ¡Voy a matar a un hijo de perra!

La bala le penetró en su cabeza, en pocos segundos rodó por la cama y cayó al suelo, donde, en medio de un gran charco de sangre, quedó como un guiñapo. La mujer que había dormido en su cama, se incorporó y dijo.

—Otro pobre loco víctima de la melancolía de las mañanas del lunes.

Erskine Caldwell

Los silenciosos

Éranse una vez, en un café, dos amantes, que ya no tenían nada que decirse. Su aspecto, de aflicción más que de otra cosa. Esta aflicción era en el hombre enteramente externa; en la mujer enteramente interna. En la mujer tienen que hacerse internas todas las exterioridades. La aflicción de aquella mujer produjo en ella un resentimiento complejo que estalló en estas palabras:

Ya podías decirme algo, siquiera por la gente.

En vano buscó el hombre, desesperadamente, un argumento. La mujer no podía o no quería sugerírselo.

Pero como ambos, aunque amantes, eran dos personas de espíritu, llegaron prontamente a un acuerdo: se pusieron a contar en voz baja. El hombre comenzó, acercándose a ella, con expresión misteriosa.

—Uno, dos, tres . . .

La mujer replicó adusta.

—Cuatro, cinco, seis, siete.

El hombre, al oír aquellas palabras, se dulcificó y murmuró con patetismo.

160

—Ocho, nueve, diez.

No se convenció la mujer, por lo visto, y le fulminó una descarga.

—Once, doce, trece . . .

Y así continuaron hasta que se hizo de noche . . .

Massimo Bontempelli

UNA FAMILIA MUY MORAL

Los hijos son virtuosos. El hijo, soldado, es ciertamente virgen. La hija lo es menos ciertamente.

Max Jacob

LIBERTAD

. . . Aisha, la esclava, nunca supo cómo nació en ella el deseo de libertad. La presencia inquietante, la figura de aquel cantor, evocó ante ella, mágicos, lejanos, perdidos paraísos. . . Burló la vigilancia del enuco, corrió por el jardín eludiendo guardias y lebreles, ebria de vientos se detuvo al fin, jadeante, ante el cantor y ahí quedó muda y estática. El evocador, el hacedor de libertades permaneció inmóvil, sujeto por larga, dura, increíble cadena. Era esclavo.

Emma de Yánes

Cuando bajaron de los árboles ya eran hombres. Temerosos y torpes en el principio, la curiosidad y el arrojo los fueron haciendo agricultores, artistas, comerciantes, científicos, hasta llegaron a la luna y regresaron.

Pero ya para entonces las mujeres habían subido a los árboles. Desenvueltas y confiadas en el principio, aprendieron a cocinar, lavar ropa, barrer y sacudir, tener hijos. La costumbre hizo el resto. Y su rastro se perdió durante el último Diluvio.

Ana F. Aguilar

Los peces

Muerto, como los peces, bogo entre prismas de aguacristal, entre multitud de anhelos fosilizados en su flujo fingido.

¿Solamente un pez, ahora, al final de los tiempos, en la turbiedad profunda de un océano? ¿Sólo un descendiente de la comunidad marina sin mayor función que el movimiento? Sueño diariamente con el pescador y en mi boca hay ansias vivas. Fluyen recuerdos de mis antepasados, la brisa parece milenaria.

¿Parece? Yo mismo, el que soy, recuerdo haberla escuchado desde siempre. ¿Soy? ¿Un ser sin muerte y sin principio y sin creador? Sucede que he querido quedarme solo para identificarme y no basta un espejo para sentirse uno pez. . . Tendré que dejarme conducir por la corriente. ¿No seré yo mismo la corriente?

José Joaquín Blanco

> Veo claramente que es destino mío ser ahor-
> cado o casado.
>
> LOPE DE VEGA

—Hace un año —le dijo el capitán— que os tengo encar-
gado que me suceda otro. Me caso con una viuda rica de
Córdoba y renuncio al estoque de bandolero por la vara
de corregidor.

Abrió el cofre; era el tesoro a repartir: vasos sagrados,
onzas de oro, una lluvia de perlas y un río de diamantes,
todo revuelto.

—Para ti, Enríquez, los zarcillos y la sortija del mar-
qués de Aroca. ¡Para ti, que lo mataste de un disparo de
carabina en su silla de posta!

Enríquez colocó en su dedo el topacio ensangrentado y
colgó de sus orejas las amatistas talladas en forma de gotas
de sangre.

¡Tal fue la suerte de aquellas zarcillos con que se había
adornado la duquesa de Medinaceli y que, pasado un
mes, Enríquez dio a cambio de un beso a la hija del alcaide
de la cárcel!

¡Tal fue la suerte de aquella sortija que un hidalgo
había comprado a un emir, al precio de una yegua blanca,
y con la que Enríquez pagó un vaso de aguardiente unos
minutos antes de ser ahorcado!

Aloysius Bertrand

FINAL

De pronto, como predestinado por una fuerza invisible,
el carro respondió a otra intención, enfilado hacia impre-

visible destino, sin que mis inútiles esfuerzos lograran desviar la dirección para volver al rumbo que me había propuesto.

Caminamos así, en la noche y el misterio, en el horror y la fatalidad, sin que yo pudiera hacer nada para oponerme.

El otro ser paró el motor, allí en un sitio desolado. Alguien que no estaba antes, me apuntó desde el asiento posterior con el frío implacable de una arma. Y su voz definitiva, me sentenció.

—¡Prepárate al fin de este cuento!

Edmundo Valadés

"Beauty Parlor"

A Rosa Furman

Entró muy decidida, moviendo graciosamente las caderas. Sombrero de ala ancha y lentes oscuros. Aguardó malévolamente su turno; disimulando su ansiedad fingió leer. Al fin, la peinadora vino y la invitó a sentarse. Se quitó el sombrero con gran ostentación. su cabellera de un fascinante brillo metálico se alborotó.

—Corte de pelo a la Mía Farrow —dijo esperando ver caer fulminadas a la peinadora y a todas esas viejas cretinas. Pero grande fue su sorpresa cuando le empezaron a cortar las serpientes. Súbitamente miró que cerca de ella, la esfinge de Tebas se daba manicure y pedicure. Ya no soportó más, se quitó los lentes lanzando imprecaciones.

Pero, oh fatalidad, el salón de belleza estaba lleno de espejos. . . y la pobre Medusa quedó petrificada.

Tomás Espinosa

164

HUMOR NEGRO

> Y luego había el niño de nueve años que
> mató a sus padres y le pidió al juez clemencia
> porque él era un huérfano.
>
> CARLOS MONSIVÁIS

EL DADO EGOCÉNTRICO

Ése era un dado egocéntrico. Cayera como cayera, siempre caía de cara, y con la misma sonrisa entonaba: soy yo, soy yo. Le hacíamos las mil y una al pobre dado: lo lanzábamos desde el balcón, adentro del plato de sopa, o justo antes de que se sentara tía Albertina (105 kilos), lo poníamos sobre el banco. Los insultos de tía no nos incumbían, se los cargábamos al dado. Pero igual, volvíamos a arrojarlo y zácate, caía de cara y dale cantar: soy yo, soy yo, soy yo.

Una vez al Beto se le ocurrió limarle las aristas. Estuvimos como dos días sin parar hasta que quedó hecho una bolita. Vamos a ver si ahora cantás, dijo el Beto, y lo lanzó sobre las baldosas del patio. Apenas tocó el suelo, el dado empezó a decir: puta que te parió, puta que te parió. Y continuó rodando sin parar y meta cantar: puta que te parió, puta que te parió, puta que te parió. . .

Julio Cortázar

Y ahora, señores y señoras, les presentaremos, en gran estreno mundial, sin jaula, con su pecho multicolor y toda su crin al viento, a: la felicidad. (Tambor y música.) Aparece. Era verdad, era la felicidad. ¡Y de qué tamaño! Como no estaba domada aún, se lanza sobre el público rugiendo y devora a casi todos los espectadores.

A. Norge

¡Y<small>A LE TOCABA</small>!

De ese Urbina (el compadre y lugarteniente de Pancho Villa) se contaba que invitó a comer a un compadre que acababa de vender unas mulas. Y a los postres, Urbina, ya borracho, seguía brindando mientras enlazaba con el brazo derecho la espalda de su compadre. Hacía calor y el compadre se llevó la mano a la bolsa de atrás del pantalón, para sacar la "mascada", pañolón colorado de los rancheros. Urbina, en su delirio de sangre y alcohol, imaginó que el compadre sacaba la pistola, y adelantándose, sin dejar de abrazarlo, con la izquierda le perforó de un tiro el corazón. Cayó el compadre muerto, y cuando lo extendieron sobre el pavimiento, en su mano crispada sólo apareció el pañuelo . . . Viendo lo cual, Urbina se echó a llorar y decía:
—¡Pobrecito de mi compadre! Es que ya le tocaba . . .

José Vasconcelos: *La tormenta*

El cadáver de un predicador de la secta herética de los *turlupins,* que había muerto en París en la prisión antes de ser sentenciado, fue conservado catorce días en un tonel con cal, a fin de poder quemarlo junto con una hechicera viva.

J. Huizinga

INGENUO

—Y fuera de esto, señora Lincoln, ¿disfrutó usted de la pieza?

Carlos Monsiváis

CERO EN GEOMETRÍA

Henry miró el reloj. Dos de la madrugada. Cerró el libro con desesperación. Seguramente que mañana sería reprobado. Entre más quería hundirse en la geometría, menos la entendía. Dos fracasos ya, y sin duda iba a perder un año. Sólo un milagro podría salvarlo. Se levantó ¿Un milagro? ¿Y por qué no? Siempre se había interesado en la magia. Tenía libros. Había encontrado instrucciones sencillísimas para llamar a los demonios y someterlos a su voluntad. Nunca había hecho la prueba. Era el momento: ahora o nunca.

Sacó del estante el mejor libro sobre magia negra. Era fácil. Algunas fórmulas. Ponerse al abrigo en un pentágono. El demonio llega. No puede nada contra uno, y se obtiene lo que se quiera. Probemos.

Movió los muebles hacia la pared, dejando el suelo limpio. Después dibujó sobre el piso, con un gis, el pentágono protector. Y después, pronunció las palabras cabalísticas. El demonio era horrible de verdad, pero Henry hizo acopio de valor y se dispuso a dictar su voluntad.

—Siempre he tenido cero en geometría —empezó.

—A quién se lo dices . . . —contestó el demonio con burla.

Y saltó las líneas del exágono para devorar a Henry, que el muy idiota había dibujado en lugar de un pentágono.

Frederic Brown

Tabú

El Ángel de la guarda le susurró a Fabián, por detrás del hombro.

—¡Cuidado, Fabián! Está dispuesto que mueras en cuanto pronuncies la palabra *zangolotino*.

—¿Zangolotino? —pregunta Fabián azorado.

Y muere.

Enrique Anderson Imbert

El más corto cuento cruel

Desfile patriótico. Cuando pasa la bandera, un espectador permanece sin descubrirse. La muchedumbre rezonga, luego grita. "¡El sombrero!" y se lanza contra el recalcitrante, que persiste en menospreciar el emblema nacional. Algunos patriotas le darán su merecido. . . Se trataba de un gran mutilado de guerra que tenía amputados los dos brazos.

Villiers de l'Isle-Adam

FABULILLA

—¡Ay! —decía el ratón—. El mundo se vuelve cada día más pequeño. Primero era tan ancho que yo tenía miedo, seguía adelante y me sentía feliz al ver en la lejanía, a derecha e izquierda, algunos muros, pero esos largos muros se precipitan tan velozmente los unos contra los otros, que ya estoy en el último cuarto, y allí, en el rincón, está la trampa hacia la cual voy.

—Sólo tienes que cambiar la dirección de tu marcha —dijo el gato, y se lo comió.

Franz Kafka

HISTORIA DEL JOVEN CELOSO

Había una vez un hombre joven que estaba muy celoso de una joven muchacha bastante voluble.

Un día le dijo. "Tus ojos miran a todo el mundo". Entonces, le arrancó los ojos.

Después le dijo. "Con tus manos puedes hacer gestos de invitación" Y le cortó las manos.

"Todavía puede hablar con otros", pensó. Y le extirpó la lengua.

Luego, para impedirle sonreír a los eventuales admiradores, le arrancó todos los dientes.

Por último, le cortó las piernas. "De este modo —se dijo— estaré más tranquilo."

Solamente entonces pudo dejar sin vigilancia a la joven muchacha que amaba. "Ella es fea —pensaba—, pero al menos, será mía hasta la muerte."

Un día volvió a la casa y no encontró a la joven muchacha: ella había desaparecido, raptada por un exhibidor de fenómenos.

Henri Pierre Cami

Había una vez

Un apuesto joven llama a la puerta y le pide que se calce la más hermosa de las zapatillas. En cuanto observa que ésta se ajusta al pie perfectamente, la toma del brazo al mismo tiempo que le dice:

—Queda usted arrestada, esta zapatilla fue hallada en la escena del crimen.

Javier Quiroga G

Aire respiratorio seco ¡envien lagrimas!

–Es una cosa extraña –dice el Coronel número 4 323— el ver con sombreros a los reclutas. No pueden entender, por más que se les explique, el uso que deben hacer del sombrero en su cabeza.

Cuando estaban haciendo el ejercicio matutino y pasaba el Gobernador, querían saludarle; el fusil iba por un lado y el sombrero por el otro. Se les dijo que de ningún modo saludasen a nadie y ahora cuando van por la calle y ven algún Grande, se encajan más el sombrero y no hacen caso.

Se les mandó también que no se moviesen ni desarreglasen cuando están formados, pero el otro día se dejaron estropear por el automóvil de la esposa del Coronel número 4 323, sin querer apartarse de la fila, por más que el chofer de ésta les gritó. ¡Fuera de ahí imbéciles!

Una semana después, en una corta ceremonia, diez viudas inalterables recibieron diez medallas, diez diplomas y diez "pensiones de gracia". Veinte lágrimas de gratitud pusieron fin a la corta ceremonia.

Dámaso Ogaz

RECREOS DE CIENCIA-FICCIÓN

Llamando a todas las estrellas. Llamando a
todas las estrellas. Si hay en el universo seres
capaces de captar este mensaje, que respon-
dan.

LEO SZILARD

FIN

El profesor Jones trabajó en la teoría del tiempo, durante
muchos años.

—Y he encontrado la ecuación clave —informó a su
hija, un día—. El tiempo es un campo. Esta máquina que
he hecho puede manipular, e incluso invertir, ese campo.

Oprimiendo un botón al hablar, prosiguió:

—Esto debe hacer correr el tiempo hacia hacia tiempo
el correr debe esto.

Prosiguió, hablar al botón un oprimiendo.

—Campo ese, invertir incluso, e manipular puede
hecho he que máquina esta. Campo un es tiempo el. —día
un, hija su a informó— clave ecuación la encontrado he y.

Años muchos durante, tiempo del teoría la en trabajó
Jones profesor el.

Fredric Brown

LOS SUSTITUTOS

Esta vez, todo había terminado. Los hombres no realiza-
ban ya ningún trabajo, las máquinas los sustituían por

completo. Vivían retirados en sus refugios antirradiacti-vos y lentamente iban paralizándose, sin fuerzas siquiera para procrear. Pero esto no les importaba, puesto que los robots les proveían de todo lo que podían necesitar.

Así, los últimos hombres terminaron muy pronto por atrofiarse completamente. Entonces los autómatas los eliminaron tranquilamente. Después de tantos siglos desde que el hombre los creara, esperaban con ansia ese momento.

Después, pensaron que al fin podrían descansar. Pero muy pronto se dieron cuenta de que para ello necesitaban servidores.

Así, inventaron a los hombres . . .

Bernard Pechberty

En Marte

Tenían en el planeta Marte, a orillas de un mar seco, una casa de columnas de cristal, y todas las mañanas se podía ver a la señora K mientras comía la fruta dorada que brotaba de las paredes de cristal, o mientras limpiaba la casa con puñados de un polvo magnético que recogía la suciedad y luego se dispersaba en el viento cálido. A la tarde, cuando el mar fósil yacía inmóvil y tibio, y las viñas se erguían tiesamente en los patios, y en el distante y recogido pueblito marciano nadie salía a la calle, se podía ver al señor K en su cuarto, que leía un libro de metal con jeroglíficos en relieve, sobre los que pasaba suavemente la mano como quien toca el arpa. Y del libro, al contacto de los dedos, surgía un canto, una voz antigua y suave que hablaba del tiempo en que el mar bañaba las costas con vapores rojos y los hombres lanzaban al combate, nubes de insectos metálicos y arañas eléctricas.

Ray Bradbury. *Crónicas marcianas*

Dwar Ev soldó solemnemente la última conexión. Con oro. Los objetivos de una docena de cámaras de televisión lo estaban observando, y el sub-éter se encargó de llevar por todo el Universo una docena de imágenes diferentes del acontecimiento.

Se concentró, hizo un gesto con la cabeza a Dwar Reyn, y se colocó enseguida junto al botón que establecería el contacto. El conmutador pondría en relación, de un solo golpe, todas las supermáquinas de todos los planetas habitados del Universo (96 billones de planetas), en un supercircuito que los transformaría en gigantesco super-calculador, gigantesco monstruo cibernético que reuniría el saber de todas las galaxias. Dwar Reyn habló unos instantes a los trillones de seres que lo observaban y lo escuchaban. Y, tras un breve silencio, anunció:

—Y ahora con ustedes, Dwar Ev.

Dwar Ev giró el conmutador. Se oyó un potente ron-roneo, el de las ondas que salían hacia 96 billones de planetas. Se prendieron y apagaron las luces en los dos kilómetros que componían el tablero de control.

Dwar Ev dio un paso hacia atrás, respirando profundamente: Es a usted que corresponde hacer la primera pregunta, Dwar Reyn.

—Gracias —dijo Dwar Reyn—, haré una pregunta que nunca pudo ser contestada por las máquinas cibernéticas sencillas.

Se volvió hacia la máquina:

—¿Existe un Dios?

La voz poderosa contestó sin titubeos, sin el menor temblor:

—Sí, ahora existe un Dios.

Fredric Brown

Las primeras llegaron al comenzar el mes de mayo. Eran tan bellas que hicieron soñar a los hombres a lo largo de los días y a lo largo de las noches.

Poco se tardó en saber que no eran nada hurañas, y los hombres se trasmitieron la nueva. Hacían el amor con tal refinamiento, que dejaban muy atrás el ardor de sus rivales terrestres. El número ya grande de solteras aumentó.

Y seguían cayendo del cielo, más deseables que nunca, eclipsando a la mujer más maravillosa. Sólo el amor contaba para los hombres, y ellas no envejecían.

Mucho tiempo pasó antes que se dieran cuenta de que eran estériles.

Así que, cuando medio siglo más tarde sus robustos amantes llegaron de Venus, sólo quedaban en la Tierra hombres decrépitos y mujeres ancianas.

Tuvieron con ellos muchos cuidados y los trataron sin brutalidad.

Pierre Versins

La criatura

Como era un planeta de arena muy fina, dorados acantilados, agua esmeralda y recursos nulos, los hombres decidieron transformarlo en centro turístico, sin pretender explotar su suelo, estéril por otra parte.

Los primeros desembarcaron en otoño. Edificaron algunos balnearios, y cuando llegó el verano pudieron recibir varios centenares de veraneantes. Arribaron, seiscientos cincuenta. Pasaron semanas encantadoras dorándose a los dos soles del planeta, extasiándose con su paisaje, su clima y la seguridad de que ese mundo carecía de insectos molestos o peces carnívoros.

Pero hacia el 26 de julio, de un solo golpe y al mismo tiempo, el planeta se tragó a todos los veraneantes. El planeta no poseía más forma de vida que la suya. era la única criatura viva en ese espacio. Y le gustaban los seres vivos, en particular los hombres. Sobre todo cuando estaban bronceados, pulidos por el viento y el verano, calientitos y cocidos.

J. Sternberg

El cautivo

En aquel planeta situado en un confín de la galaxia, hubo preocupación, por haberse detectado rudimentarias explosiones atómicas, originadas más allá de Marte.

Se decidió, por tanto, enviar una nave con la misión de capturar un ser tipificado de aquella probable y peligrosa civilización.

Después de larga travesía la nave arribó, sigilosamente, a las cercanías de una gran ciudad. Y tras cuidadosa observación fue capturado, al amparo de la noche, uno de aquellos seres tan parecidos a los mismos expedicionarios y que pululaban constantemente por la urbe.

El regreso tuvo lugar.

Hasta la fecha, los sabios de aquel planeta ubicado en un lindero de la galaxia, no han podido determinar el coeficiente mental, ni la verdadera naturaleza e intenciones del Volkswagen rojo que fue secuestrado de un estacionamiento de la tierra, cierta vez, como a las dos de la mañana.

Jorge Mejía Prieto

El cohete quedó listo.

Buscaron entre todos los voluntarios a un negro, y lo enviaron a Marte.

Como fue todo un éxito, reclutaron esta vez a dos negros y al igual que al anterior, también los enviaron a Marte.

Luego mandaron a cinco, después a diez, más tarde a cien, hasta que no quedó un solo negro en toda Norteamérica.

Hecho esto, perdieron todo el interés los blancos por los viajes espaciales, y destruyeron los planos.

Juan Rivera Saavedra

H<small>INDÚES EN</small> V<small>ENUS</small>

Nueva Delhi, 9 de octubre. Una profesora hindú de física afirma que Venus está habitado por compatriotas suyos que se exiliaron a ese planeta para escapar a un cataclismo que sufrió el Valle del Indo tres mil años antes de nuestra era.

La profesora, Ruth Reyna, de la Universidad de Chandigarh, en el Punyab, declaró a la prensa que esperaba una confirmación de su teoría por parte de la administración espacial norteamericana, la NASA, a la que ha enviado un informe sobre sus investigaciones.

Según esta profesora de física, los habitantes del Valle Indo, prevenidos de una inminente catástrofe por sus astrólogos, se embarcaron en un navío espacial y emigraron al hemisferio frío de Venus, cuya temperatura elevaron artificialmente.

Ruth Reyna afirma que la colonia hindú de Venus se

compone actualmente de unos mil o mil doscientos indi-
viduos.

Los ortodoxos indúes creen que toda la tecnología
moderna está ya contenida en los textos sagrados del
hinduísmo y que hubo una civilización hindú desapare-
cida que conocía la aviación y los cohetes.

Cable de France Press (1967)

EL HIJO ANDRÓMEDA

Supongamos que Andrómeda es una galaxia decente,
compuesta de anticuada materia, y que yo pase en ella
diez años explorando de un lado a otro, y que luego dé la
vuelta y regrese a casa. Se imaginarán que por mi hazaña
me acogería un estruendoso recibimiento en Nueva
York. Nada de eso. Yo tendría unos cincuenta años más,
pero la Tierra habría envejecido en más de cuatro millones. Todos mis amigos habrían muerto; nadie hablaría mi
idioma, ni inglés ni húngaro; los científicos tendrían que
descifrar lentamente mis notas. Viviría una nueva raza
que nosotros podríamos considerar como una extraña y
horrible especie nueva, pero que sería en realidad muy
superior y mucho mejor que la nuestra. Y lo que harían
conmigo, ejemplar de una antigua, fabulosa, irrazonable
y extinguida raza, es evidente. Me encerrarían en un
parque zoológico.

Edward Teller

Satélite de los otros

Varios sabios dignos de crédito opinan que el satélite de Marte, Phobos, es hueco. Se trataría de un asteroide artificial colocado en órbita alrededor de Marte por inteligencias exteriores a la Tierra. Tal era la conclusión a que llegaba un artículo de la seria revista *Discovery* de noviembre de 1959. Tal es también la hipótesis del profesor soviético Chatlavski, especialista en astronomía.

Pauwels y Bergier: *El retorno de los brujos*

Seres extraterrestres

En nuestra propia galaxia tenemos más de cien mil millones de estrellas. Muchas de ellas tendrán por fuerza planetas y algunos de éstos estarán habitados. Y más allá de nuestra galaxia hay miles de millones de otras galaxias. No somos, ciertamente los únicos seres vivientes. Sería muy extraño creer que lo somos. Dudo también que seamos los únicos seres inteligentes. Pero si el universo es de veras tan viejo como se ha dicho —casi diez mil millones de años— y la vida humana abarca sólo el último millón o medio millón de años, ha de haber otros que llegaron antes; me gustaría saber dónde están todos esos otros.

Edward Teller

El regreso

Y un día regresaron a la Tierra.

Nos enseñaron que no éramos ni animales, ni espíritus ni seres humanos. Éramos robots.

Robots de carne, pues habían utilizado ese material para fabricarnos. Nos habían modelado a su imagen, pero de forma grosera, muy aprisa, sin pulir los detalles. Ellos eran los únicos seres humanos del planeta. Se fueron hacía mucho tiempo, y nos lo habían dejado. Porque eran indolentes, y porque nos habían concebido trabajadores, hábiles, con conciencia profesional y ambición. Durante siglos y siglos, habíamos sido los forjadores de una nueva Tierra.

Pero habían regresado.

Y en la mirada sin vida que nos dirigieron no había ni gratitud ni indulgencia.

J. Sternberg

EL ROBOT

El robot pareció adquirir conciencia de sí mismo. Lo comprendí en el brillo maléfico de sus foquillos, despidiendo *miradas* que *me veían.*

Las miradas intensas me traspasaron al ser devueltas por el espejo ante el que yo estaba, obedeciendo a la orden de observarme en esa superficie desde la cual me veía el otro robot.

Nicio de Lumbini

¿HIROSHIMA HEBREA?

Según el profesor Agrest —que no vacilaba, en dicho estudio, en plantear hipótesis tan fabulosas, mostrando así que la ciencia . . . puede y debe abrirse a la imaginación creadora, a las suposiciones atrevidas—, la destrucción de Sodoma y Gomorra pudo deberse a una explosión termonuclear provocada por viajeros del espacio, ya fuese deliberadamente, ya a consecuencia de una destrucción necesaria de sus depósitos de energía antes de su partida hacia el cosmos. En los manuscritos del Mar Muerto se lee lo siguiente.

"Se elevó una columna de humo y polvo, parecida a una columna de humo que brotase del corazón de la tierra. Vertió una lluvia de azufre y de fuego sobre Sodoma y Gomorra y destruyó la ciudad, el llano entero, todos los habitantes y la vegetación . . . Las gentes fueron avisadas para que abandonaran el lugar de la futura explosión, de que no se detuvieran en lugares descubiertos, de que no contemplaran la explosión y de que se ocultaran bajo tierra . . . Los fugitivos que se volvieron fueron cegados y murieron."

Pauwels y Bergier. *El retorno de los brujos*

EL TIEMPO CIRCULAR

El profesor García C., investigador adscrito al Instituto de Investigaciones físico-matemáticas de la Universidad de Tolousse, trabajó en la teoría del tiempo circular durante muchos años.

Un día, informó a sus alumnos.

—He comprobado una teoría clave del pensamiento hindú. Encontré la formula exacta para demostrar que el tiempo es circular. Esta máquina que inventé comprobará que el tiempo se comporta de una manera semejante a un disco fonográfico que se toca y vuelve a tocar hasta el infinito. En suma, con el objeto de ser un poco más precisos, se podría decir que el tiempo, en pequeños lapsos, se repite o comporta como un disco rayado.

—Y para demostrar lo dicho, voy a hacer que retrocedamos 30 segundos —dijo oprimiendo un botón.

—He comprobado una teoría clave del pensamiento hindú. Encontré la fórmula exacta para demostrar que el tiempo es circular. Esta máquina que inventé comprobará que el tiempo se comporta de una manera semejante a un disco fonográfico que se toca y vuelve a tocar hasta el infinito. En suma, con el objeto de ser un poco más precisos, se podría decir que el tiempo, en pequeños lapsos, se repite o comporta como un disco rayado.

—Y para demostrar lo dicho, voy a hacer que retrocedamos 30 segundos –dijo oprimiendo un botón.

—He comprobado una teoría clave del pensamiento hindú. Encontré la fórmula exacta para demostrar que el tiempo es circular. Esta máquina que inventé comprobará que el tiempo se comporta de una manera semejante a un disco fonográfico que se toca y vuelve a tocar hasta el infinito. En suma, con el objeto de ser un poco más precisos, se podría decir que el tiempo, en pequeños lapsos, se repite o comporta como un disco rayado.

—Y para demostrar lo dicho, voy a hacer que retrocedamos 30 segundos —dijo oprimiendo un botón.

—He comprobado . . .

Rafael Ávalos Ficacci

BRUJAS, BRUJOS Y EMBRUJOS

El día anterior la mujer me encargó la compostura del reloj: pagaría el triple si yo lo entregaba en veinticuatro horas. Era un mecanismo muy extraño, tal vez del siglo XVIII, en cuya parte superior navegaba un velero de plata al ritmo de los segundos.

Toqué en la dirección indicada y la misma anciana salió a abrirme. Me hizo pasar a la sala. Pagó lo estipulado. Le dio cuerda al reloj y ante mis ojos su cuerpo retrocedió en el tiempo y en el espacio, recuperó su belleza —la hermosura de la hechicera condenada siglos atrás por la Inquisición— y subió al barco que, desprendido del reloj, zarpó en la noche, se alejó para siempre de este mundo.

Bernard M. Richardson

Brujería del gato

Por complicidad con la bruja había sido enjaulado el gato.

Los inquisidores sospechaban que podía haber diablo escondido bajo la piel del gato y fue sentenciado a arder en pira aparte, porque podía haber pecado de bestialidad al quemar en la misma hoguera persona humana y animal.

Bien maniatado con cadenas, el gato brujesco produjo

un repeluzno de escalofrío entre los asistentes al auto de fe. Había algo de caza luciferiana en la presencia del gato.

La leña de la propiciación comenzó a arder y durante un largo rato se oyeron maullidos infernales, hasta que al final, ya consumida la fogata, se vieron sobre las cenizas dos ascuas que no se apagaban, los dos ojos fosforescentes del gato.

Ramón Gómez de la Serna

EL ADIVINO

En Sumatra, alguien quiere doctorarse de adivino. El brujo examinador le pregunta si será reprobado o si pasará. El candidato responde que será reprobado . . .

Jorge Luis Borges

FRUSTRACIÓN

La reina del Sabbat (que no era otro que un demonio transformado) llevaba a las brujas junto al río Jordán para tocar aquella agua y convertirse así en dueñas del mundo; pero el río, antes de ser tocado, se secaba, suscitando en ellas una rabia tremenda.

B. Spina

DISCORDIAS

Las discordias sociales repercuten hasta en el Sabbat, donde a veces las brujas pobres no quieren en absoluto provocar el granizo por miedo a morir de hambre y deben recurrir a las decisiones de Satanás contra el deseo de las ricas que participan en el conventículo y quieren gozarse con tal espectáculo.

Giuseppe Faggin: *Las brujas*

La cámara mágica

Una vez, en una aldea de la parte baja del río Yukón, se dispuso un explorador a tomar con su cámara fotográfica una vista de la gente que transitaba por entre las casas. Mientras enfocaba la máquina, el jefe de la aldea llegó e insistió en fisgar bajo el paño negro. Habiéndosele permitido que lo hiciera, estuvo contemplando atentamente por un minuto las figuras que se movían en el vidrio esmerilado y después, de súbito, sacó la cabeza y gritó a la gente con toda su fuerza: "Tiene todas vuestras sombras metidas en la caja."

James George Frazer: *La rama dorada*

La tepa

La noche estaba pesada, Señor. Por los linderos se oían los ruidos. Del altar se cayó el *tesanto,* el que cuida la casa desde los tiempos de antes. Por mi rancho pasó, Señor, un animal que andaba como llorando. Y en la higuera vieja estaba parada la *tepa,* echando sus gritos y nadie quiso pasar por allí. Estaba la mujer antigua chillando porque había matado a sus hijos. Que así está desde los tiempos otros esa mujer llorando y es como encanto que sale cuando está la noche pesada y el río se quiere *voltiar.*

El que quiere pasar ha de dar un rodeo y mirar para otro lado, para no tener un daño.

Francisco Salmerón. *Testimonios del Tecuán*

SATANÁS Y EL FISCO

A Satanás se recurre para tener el dinero que el Fisco exige: en 1582 es condenada a la hoguera en París como bruja una tal Gantiére quien, según sus confesiones, "había recibido ocho sueldos del diablo para pagar su impuesto y luego no los encontró dentro de su pañuelo".

Giuseppe Faggin. *Las brujas*

LA VISITANTE

No soy astrónomo ni noctámbulo, sino un insomne predestinado. Anoche, contemplando a la luna amenazada de cosmonautas, vi cómo una figura —conocida por referencias— hendió el cielo montada en veloz escoba. Giró muchas veces para descender en espiral concéntrica hasta mi terraza-observatorio . . .

Me dijo que se sentía sola y calumniada; buscaba amistad, comunicación y solidaridad . . . "Yo fui una hermosa hada . . ." —siguió contando.

Roberto Bañuelas

MESA REVUELTA

Propongo unas nubes que viajen contra el
viento, un reloj accionado por una marea y
un método para alimentarse por la nariz..

NICANOR PARRA

ÚLTIMO DESEO

Esto no tiene remedio. Yo sé que me voy. Sólo quiero un
último favor: que me sepulten en el cementerio de
Montparnasse. . . Y si no es mucho pedir consiga usted
una fosa contigua a la barda que da al bulevar, para que
desde allí pueda yo descansar oyendo el taconeo de las
muchachas del barrio. . .

Julio Ruelas, a Jesús Luján, en su lecho de muerte

LA ÚLTIMA DE LAS MIL NOCHES Y UNA NOCHE

Cuando Scheherazada concluyó su postrer relato, inclinó
la frente hasta la espesa alfombra y dijo: "Dueño mío,
ahora os ruego que me perdonéis la vida si os he entrete-
nido durante todo este tiempo."

Schariar no respondió. Por eso, ella osó levantar la

mirada, y frente a sí sólo vio un monigote vestido de Sultán, casi pulverizado por la polilla.

José Barrales V.

AUTORRETRATO

Max Jacob es un hombrecito calvo y raro. Desde hace treinta años busca su camino. Ha abandonado todos los géneros de poesía después de haberlos marcado todos con su paso. Su prosa no vale nada, su poesía menos. Pretende haber hallado una nueva psicología con bases astrológicas y su astrología ha sido superada por los psicólogos que no se sirven de ella como ciencia. Max Jacob es un necio. No tiene medios de expresión. En él todo sucede dentro, nada sale. Si intenta la actitud de hombre inteligente, resulta incomprensible o tedioso. Si la de poeta, se parece a todo el mundo, excepto a él mismo (a pesar de que es suficientemente original para haber sido plagiado, imitado o pisoteado). ¡Es un infeliz! Ensayó ser cristiano sin conseguir otra cosa que el paganismo. No se atreve ya a ser pagano por temor del infierno. ¡Es un infeliz! Tiene mucho éxito pero él sólo lo sabe.

Max Jacob

SABIDURIA

—¿Qué se debe hacer cuando el ruiseñor se niega a cantar?
    —Retorcerle el cuello —contestó el primero.
    —Obligarle a cantar —dijo el segundo.

—Esperar a que cante —declaró el tercero, que era un sabio.

Leyenda japonesa

Imaginativo

Veinte minutos de inhalación; dos veces al día. ¡Mortal!

—¿En qué piensa usted mientras está bajo el chorro de vapor?

—En toda clase de cosas. en la muerte, en mi hermano Joseph . . .

—Creí que usted no tenía hermano.

—¡Oh! Eso no impide que piense en él.

André Gide

"Nevermore"

Corrían haciendo zigzags a través de un campo de trigo, felices y contentos, jugando y cantando, escondiéndose de las nubes, riéndose con el sol.

Y de pronto cayeron en un agujero circular y profundo, como oficina de gobierno. Decidieron aprovechar la ocasión y pagar sus impuestos prediales, renovar su pasaporte, resellar su licencia de manejar, cobrar el cheque mensual de una pensión y tramitar un permiso migratorio.

Hasta la fecha siguen circulando, a la velocidad reglamentaria, por el carril central del periférico y no pueden salir.

Ana F. Aguilar

DIÓGENES Y EL CALVO

El filósofo cínico Diógenes, insultado por un hombre calvo, le replicó:

—No he de ser yo quien recurra también al insulto, ¡Dios me libre de ello! Al contrario, haré el elogio de los cabellos que han abandonado un cráneo malvado y hueco.

Esopo

EX LOCO

... Ya conoce usted la historia del hombre que creía tener encerrada en una botella a la princesa de la China. Era una locura. Le curaron de ella. Pero desde el momento en que dejó de estar loco se volvió tonto.

Marcel Proust

PREFERENCIAS

El jade, las piedras pulidas y como húmedas, pero no brillantes, turbias no transparentes, el marfil, la luna, una sola flor en su maceta, las ramas de múltiples ramillas con hojitas delgadas, vibrantes los paisajes lejanos y envueltos en una bruma naciente, el canto (debilitado por la distancia) de una mujer, las plantas sumergidas, el loto, el croar del sapo en el silencio (no se llega a localizar nunca exactamente el ruido), los manjares insulsos, un huevo ligeramente pasado, los macaroni pegajosos, una aleta de tiburón, una lluvia fina que cae, un hijo que cumple los

ritos del deber filial con una precisión enervante, inso-
portable, la imitación bajo todas sus formas, plantas de
piedra, con flores cremosas, de corolas, pétalos y sépalos
de una perfección irritante, representaciones teatrales en
la Corte, por prisioneros políticos, obligados a tomar
parte, crueldades deliciosas, he aquí lo que les ha gustado
siempre a los chinos.

Henri Michaux

JARDÍN INVEROSÍMIL

Latomías; jardín cerrado; cavernas; vergeles de calabo-
zos; delicado murmullo de la fuente de Venus; lianas. Era
aquí, en estas canteras abandonadas, donde se encerraba
a los prisioneros. El aire denso, pesado y húmedo, estaba
espantosamente saturado del perfume del azahar. Hemos
mordido unos limones poco maduros; se aplacaba de
pronto el primer sabor, intolerablemente ácido; luego,
sólo quedaba en la boca un perfume inverosímilmente
delicado. Es un lugar de estupros, de asesinatos, de pasiones abominables; uno de esos jardines subterráneos
de que nos hablan los cuentos árabes y donde Aladino
busca frutas que son piedras preciosas; donde el primo
del calender se encierra con su hermana y amante; donde
la mujer del Rey de las Islas acude de noche junto al
esclavo negro herido al que mantiene en vida con sus
encantamientos.

André Gide

COARTADA

Mi mundo es confuso, cambia de estación en estación, y
no soy maestro del pensamiento. Hacer de mi vida una

creación estética y artística es mi ley, mi magia y mi
religión. Para lo demás soy un solitario y lo que más me
interesa son los sueños nocturnos y mi trabajo. El trabajo
me da dignidad, el trabajo me lava de todas las traiciones,
de todas las porquerías y de todas las rutinas de la vida
cotidiana. El trabajo es mi coartada. Y quizás, ante Dios y
los hombres, es una coartada que da buen resultado.

Federico Fellini

QUEMAZONES DE VANIDADES

Vestidos con blancas túnicas, portando ramos de olivo y
pequeñas cruces rojas, la legión sagrada de niños inquisidores de Savonarola recorría la Florencia del Renacimiento en escuadrones, para vigilar la moralidad de las
calles, y penetrar a las casas. Le arrancaban los velos y las
joyas a las mujeres, y los adornos a los hombres. Perse-
guían a los jugadores, a las cortesanas y a los blasfemos, y
les cortaban el pelo a los jóvenes. Cuando el jefe de una
casa cooperaba, recogían pacíficamente los objetos "va-
nos", y pronunciaban sobre la casa una bendición compuesta especialmente por Savonarola. De lo contrario
saqueaban la casa en busca de pinturas "lascivas", libros,
piezas de escultura y objetos "paganos". Éstos los arroja-
ban a las calles donde los mutilaban, los acumulaban en
cestos que luego llevaban a la plaza pública donde pren-
dían grandes hogueras, que fueron conocidas como las
famosas Quemazones de Vanidades de 1497 y 1498: la
mayor catástrofe para los tesoros artísticos florentinos
hasta la inundación ocurrida en 1966.

Joseph Barry

PRODIGIOS

Cerca de Halicarnaso, en la Caria, existía una
fuente, Salmacis, cuyas aguas lograban incitar a la liviandad a las mujeres.

P REYNES-LYONS

DON

Una hada le había concedido el don de abrir cualquier
diccionario justamente en la página donde se hallaba la
palabra buscada.

Julio Torri

MÚSICA MÁGICA

Se cuenta que Anfión fortificó con su hermano la ciudad
de Tebas, tañendo su lira en una forma tan maravillosa
que los bloques de piedra por sí mismos se erigieron en
murallas.

Walter Musch: *Historia trágica de la literatura*

HILO MARAVILLOSO

Tengo un regalo para ti. He encontrado en Sorrento el
más maravilloso de los hilos. Con él se teje una gasa tan

193

sutil que llega hasta el techo si se la sopla, y una podría
envejecer esperando que cayese de nuevo.

Thornton Wilder. Los idus de marzo

MARAVILLA

Es una fuente que da agua los miércoles y viernes, leche
los sábados y fiestas de los mártires, cerveza y vino las
fiestas especiales.

Viaje de Maeldúin

LA DAMA ETERNA

Otro relato, recogido cerca de Oldenburg, en el Ducado
de Holstein, trata de una dama que comía y bebía alegre-
mente y tenía cuanto puede anhelar el corazón, y que
deseó vivir para siempre. En los primeros cien años todo
fue bien, pero después empezó a encogerse y arrugarse,
hasta que no pudo andar, ni estar de pie, ni comer ni
beber. Pero tampoco podía morir. Al principio la alimen-
taban como si fuera una niñita, pero llegó a ser tan dimi-
nuta que la metieron en una botella de vidrio y la colga-
ron en la iglesia. Todavía está ahí, en la iglesia de Santa
María, en Lubeck. Es del tamaño de una rata, y una vez al
año se mueve.

James George Frazer: Balder the beautiful

SHANGRI-LA

Alrededor de la ciudad hay trescientas sesenta y cinco
fuentes de agua, otras tantas de miel, quinientas de per-

fumes, aunque éstas son mucho más pequeñas, siete ríos
de leche y ocho de vino . . . Pero lo que hace más agradable' los festines, es que cerca del lugar donde se efectúan
hay dos fuentes, una del Placer y otra de la Risa, de las
cuales beben todos los comensales al principio del banquete . . . Todas las mujeres son comunes, y nadie tiene
celos del vecino.

Luciano

El otro mundo hindú

Este país de los lagos de dorados lotos. Hay ríos a miles,
llenos de hojas de color del zafiro y del lapislázuli. Y los
lagos, resplandecientes como el sol de la mañana, están
adornados con dorados mantos de rojo loto. Todo el
campo está cubierto de joyas y piedras preciosas, con
alegres mantos de lotos azules de dorados pétalos. En
lugar de la arena, las perlas, las gemas y el oro forman las
orillas de los ríos, a lo largo de los cuales se elevan árboles
de un oro que brilla como el fuego. Estos árboles dan
perpetuamente flores y frutos, despiden una deliciosa
fragancia y están llenos de pájaros.

El Ramayana

La casa de Labraid

La casa de Labraid —Labraid es un rey duende— está
sostenida por columnas de cristal y plata. Tiene dos reyes,
cincuenta camas a la derecha y cincuenta a la izquierda, un
guerrero en cada una, y las camas tienen columnas ador-

nadas de oro. Una puerta da hacia occidente; y otra hacia el oriente, donde, en las copas de los árboles, una bandada de aves canta una "canción dulcemente emitida" También hay un árbol de plata, de cuyas ramas brota bella música. Hay tres veces cincuenta árboles, cada uno de los cuales alimenta trescientas personas con abundancia de comida, y hay un pozo "en aquel noble palacio del montículo mágico", y un caldero de tonificante hidromiel. Las mujeres son bellas y la música deliciosa.

Howard Rollin Patch: *El otro mundo en la literatura medieval*

JAUJA

Ferécrates (fl. G. 438 A.C.) describe una Jauja que parece estar bajo tierra. Entre los muchos manjares con los que la gente se agasaja ahí hay "tordos asados, preparados como fiambre", que "volaban alrededor de nuestras bocas rogándonos que los comiéramos".

Howard Rollin Patch: *El otro mundo en la literatura medieval*

¡QUÉ LAGO!

Él y sus hombres se zambullen en un lago, y encuentran un país maravilloso, donde Losgaire y sus hombres gozan durante un año del amor de la hija de Fiachan y otras cincuenta mujeres.

En el *Libro de Lismore*

VIAJES REMOTOS

Isla mágica

En la tercera colina hay una morada de gran belleza, con un muro de plata, donde aparecen dos seres de dorados cabellos con vestiduras verdes. La dama es Veniusa, hija de Adán. El joven que la acompaña, y come una manzana de oro, es Connla. Teigue va al palacio y entra, traspone "la puerta con sus anchas hojas y los capiteles de oro bruñido del portal", y llega al pavimento de mosaico de mármol purísimo, blanco, azul y carmesí. La casa tiene cuatro puertas de oro; en las paredes hay dibujos hechos con cristal y carbunclos. Al otro lado, dentro del palacio, hay un copudo manzano con capullos y frutos. Entran tres pájaros "uno azul, con cabeza encarnada; uno carmesí, con cabeza verde; uno manchado, con cabeza color de oro" y comen una manzana cada uno, y trinan "dulce y armonizada melodía, tanto que los enfermos dormirían a su arrullo". Las manzanas nutren a los habitantes de la isla.

Cleena la rubicunda regala a Teigue una copa de esmeralda que tiene grandes poderes —puede cambiar el agua en vino—. A los viajeros les parece como si la visita no hubiera durado "más de un solo día". Sin embargo, Cleena les dice: "habéis estado en esto durante un año entero, durante el cual no habéis comido ni bebido, y mientras estéis aquí, no sufriréis frío ni sed ni hambre". Zarpan los viajeros. Mientras "los pájaros entonaban sus coros para ellos", y con la música se les alegra el ánimo.

197

Pero, tan pronto como se alejan, un velo mágico oculta al instante la isla.

Howard Rollin Patch: *El otro mundo en la literatura medieval*

El Anostos

En los confines del País de los meropes se encuentra un abismo, el Anostos, lleno de un fluido rojo que no es luz ni tinieblas, por el que corren dos ríos: el río del Placer y el río del Dolor, en cuyas riberas crecen diversos árboles cuyos frutos tienen las mismas propiedades que cada uno de dichos ríos.

Teopompo

Con la reina sibila

Si el caballero no partía al noveno día, tendría que quedarse hasta el treceavo y luego hasta el trescientos trece; si en el día trescientos trece no se iba ya no salía jamás. Él y su escudero tuvieron que escoger una dama como compañera. Los viernes, después de media noche, las damas los dejaban e iban a encerrarse con la muchedumbre y la reina en ciertas habitaciones especiales. Después de la medianoche del sábado volvía cada una de ellas a su compañero, más hermosa que nunca. Jamás envejecían; no conocían la tristeza; tenían todos los atavíos, alimentos, riquezas y placeres que les venían en gana. En el lugar aquél no se sentía ni demasiado frío ni mucho calor.

Ninguna mente podría imaginar, ninguna lengua contar los terrenales placeres de aquel sitio, y la conciencia del caballero se afectó de tal manera con todo aquello que una hora le parecía diez días.

Howard Rollin Patch: *El otro mundo en la literatura medieval*

EL REINO OSCURO

Otra narración es la de Gorm, quien hace un viaje para buscar el reino de Geirrod, notable por sus tesoros. "Quienes lo habían intentado declaraban que era necesario navegar sobre el océano que circunda las tierras, dejar atrás el sol y las estrellas, y viajar hacia lo profundo del caos, para entrar al fin en un país donde no había luz y donde la oscuridad reinaba eternamente."

Howard Rollin Patch: *El otro mundo en la literatura medieval*

LA ISLA AFORTUNADA

Jambulo relata que, navegando hacia Arabia por necesidades comerciales, fue apresado por unos corsarios etíopes y asistió al degüello de sus compañeros, salvo uno que, como él, quedó en reserva para una ceremonia expiatoria que tenía lugar en Etiopía cada seiscientos años. Esta ceremonia consistía en poner a dos hombres sobre una barca apta para la navegación de altura, y los cuales debían hacerse a la vela rumbo al sur. Si los dioses les eran propicios, debían encontrar en su camino una isla en la que hallarían generosa hospitalidad. Con ello Etiopía se aseguraba la felicidad por seiscientos años más.

Jambulo y su compañero, después de una travesía de cuatro meses, llegaron efectivamente, a una isla habitada por unos hombres totalmente distintos a los que ellos conocían; su altura era de dos metros, sus huesos elásticos, su cuerpo lampiño, su nariz guarnecida por una excrecencia parecida a una epiglotis, la lengua bifurcada en la raíz, adecuada así para producir mayor variedad de sonidos y para conversar con dos personas a la vez. Vivían ciento cincuenta años y, una vez llegados a esta edad, echábanse sobre una hierba que tenía la propiedad de provocar una muerte dulce.

Alexis Chassang. *Orígenes de la novela*

La última Tule

Piteo afirmaba haber recorrido a pie toda la Bretaña hasta llegar a Tule, y hacía de las comarcas circundantes una descripción absolutamente maravillosa. por ejemplo, en tales parajes no se encontraba ni tierra, ni mar, ni aire, sino una cierta mezcla de todos los elementos, una especie de *pulmón marino;* venía a hacer algo así como el punto en que se unían tierra, mar y aire, flotando indecisos en el espacio. En lugar alguno podía fijarse la planta y no había lugar que los barcos pudieran abordar.

Alexis Chassang: *Orígenes de la novela*

ZOOLOGÍA QUIMÉRICA

Desdicha

—¿A quién echarle la culpa de esta terrible situación? ¿A los dioses? ¿A mis padres? . . . Yo no puedo saberlo. Sin embargo, lo cierto es que esta incertidumbre me tortura, me mata. Y lo peor del caso es que pasan los años. . . y ¡nada! ¡ni la mujer, ni la yegua! ¡Qué horrible es ser centauro!

Eugenio Zamora Martín

El Lochness

Inverness *(Escocia), 19 de marzo.* Una versión moderna de la ballesta, arma prohibida por la Iglesia católica en 1139 por "demasiado mortífera en los campos de batalla", será utilizada contra el monstruo del Lochness.

La oficina de investigación acerca de los fenómenos del Lochness, va a utilizar la ballesta ya sea para matar al monstruo o para clavarle una emisora-radar que permita localizarle durante sus desplazamientos en las aguas del lago.

Ese monstruo del que tanto se habla, nunca se ha comprobado que exista.

Cable de la France Presse (1966)

FILTRO AMOROSO

Londres, 10 de septiembre (EFE). Un grupo de científicos norteamericanos esperan poder encandilar al monstruo del Lago Ness empleando filtros de amor.

Los científicos de la Academia de Ciencias de Belmont, Estados Unidos, llegarán a Gran Bretaña para poner en práctica su plan.

El jefe de la expedición, profesor Robert Rines, explicó que piensan echar en el agua una mezcla de todas las esencias de amor de cada criatura animal, esperando que alguna de ellas despierte los instintos del monstruo, y lo haga salir de su escondite.

"Si Nessie realmente existe, —dijo el profesor—; su pasión será excitada y estaremos alertas con numerosos aparatos, para registrar su presencia."

En caso de que este sistema fallara, los científicos tienen preparados otros "trucos" incluyendo toda clase de ruidos producidos por la fauna acuática.

El profesor Rines terminó diciendo: "Nuestro plan es apelar a los órganos sensoriales de Nessie, cualesquiera que éstos sean: olor, sabor, oído, tacto, visión o apetito sexual."

Monstruo 1968

Chillán, (Chile), junio 24 —Un extraño ser, mezcla de hombre y animal, de dos metros y medio de altura, y de cuyos brazos sobresalen alas, está siendo buscado por vecinos y autoridades de Chillán y del pueblo de Bulnes. Según refieren los vecinos del lugar que pudieron ver esta insólita aparición, el monstruo tiene el torso y la cabeza de color blancos. Su presencia en algunos campos vecinos causó asombro y pánico, aunque no provocó daño alguno.

La primera vez que vieron al extraño ser fue el 4 de mayo pasado, en el interior del fundo El Espino. Posteriormente se organizaron verdaderos "safaris" en camiones, automóviles y carretelas, para localizar al escurridizo monstruo, pero fracasaron en su intento por circunstancias inexplicables, como, por ejemplo, algunos automóviles fueron repelidos por una fuerza desconocida hasta diez metros.

Agencia EFE (1968)

OTRA VEZ "LE CORBEAU ET LE RENARD"

El Cuervo, subido a un árbol, estaba no con un queso según dice la fábula clásica, sí con un sangriento pedazo de carne en el corvo pico. Llegó el zorro. El olor lo hizo levantar la cabeza, vio al cuervo banqueteándose, y rompió a hablar:

—¡Oh hermoso cuervo! ¡Qué plumaje el tuyo! ¡Qué lustre! ¿No cantas, cuervo? ¡Si tu voz es tan bella como tu reluciente plumaje, serás el más magnífico de los pájaros! ¡Canta, hermoso cuervo!

El cuervo se apresuró a tragar la carne, y dijo al zorro:

—He leído a La Fontaine.

Álvaro Yunque

SALAMANDRA

Sabemos por varios autores que se engendra una serpiente de la espina dorsal del hombre. En verdad, la mayor parte de las generaciones se operan de manera oculta y desconocida aun en la clase de los cuadrúpedos.

La salamandra es un ejemplo: su forma es la de una lagartija; su cuerpo estrellado. Nunca aparece sino en las grandes lluvias; desaparece en el buen tiempo. Es tan fría que con su contacto extingue el fuego como lo haría el hielo. La espuma blanca como la leche que arroja por las fauces hace caer el pelo de todas partes del cuerpo humano que toca, y deja sobre la parte tocada una mancha blanquecina.

Plinio

EL UNICORNIO

Universalmente se admite que el unicornio es un ser sobrenatural y de buen agüero; así lo declaran las odas, los anales, las biografías de varones ilustres y otros textos cuya autoridad es indiscutible. Hasta los párvulos y las mujeres del pueblo saben que el unicornio constituye un presagio favorable. Pero este animal no figura entre los animales domésticos, no siempre es fácil encontrarlo, no se presta a una clasificación. No es como el caballo o el toro, el lobo o el ciervo. En tales condiciones, podríamos estar frente al unicornio y no sabríamos con seguridad que lo es. Sabemos que tal animal con crín es caballo y que tal animal con cuernos es toro. No sabemos cómo es el unicornio.

Hau Yu

LOS CIERVOS CELESTIALES

El *Tzu Puh Yu* refiere que en la profundidad de las minas viven los ciervos celestiales. Estos animales fantásticos quieren salir a la superficie y para ello buscan vetas de metales preciosos; cuando el ardid fracasa, los ciervos hostigan a los mineros y éstos acaban por reducirlos, emparedándolos en las galerías y fijándolos con arcilla. A veces los ciervos son más y entonces torturan a los mineros y les acarrean la muerte.

Los ciervos que logran emerger a la luz del día se convierten en un líquido fétido, que difunde la pestilencia.

G. Willoughby Meade

EL CABALLO MARINO

El caballo marino suele aparecer en las costas en busca de la hembra; a veces lo apresan. El pelaje es negro y lustroso; la cola es larga y barre el suelo; en tierra firme anda como los otros caballos, es muy dócil y puede recorrer en un día centenares de millas. Conviene no bañarlo en el río, pues en cuanto ve el agua recobra su antigua naturaleza y se aleja nadando.

Wang Tai-hai. *Miscelánea china*

EL KAMI

Bajo la Tierra —de llanuras juncosas— yacía un *Kami* (un ser sobrenatural) que tenía la forma de un barbo y que, al moverse, hacía que temblara la tierra hasta que el Magno Dios de la Isla de Ciervos hundió la hoja de su espada en la tierra y le atravesó la cabeza. Cuando *Kami* se agita, el

Magno Dios se apoya en la empuñadura y el *Kami* vuelve
a la quietud.

Mitología japonesa, siglo VIII

UAY POOP

Uay Poop es un ave negra con alas como escamas que sólo
vuela a media noche. Es un ave carnicera en cuyo cuerpo
se mete el espíritu maligno de Kakasbal. A veces Uay
Poop cae sobre sus presas y las levanta con sus garras y
remonta el vuelo y se aleja y se pierde en la oscuridad. De
sus víctimas jamás se vuelve a saber nada.

Ermilo Abreu Gómez

DEL ÁRBOL LEGENDARIO

EL PAÑUELO

La mitología malaya habla de un pañuelo, *sansistah kalah,* que se teje solo y cada año agrega una hilera de perlas finas, y cuando esté concluido ese pañuelo, será el fin del mundo.

W. W. Skeat

ORFEO FINLANDÉS

Así como Orfeo obtiene su arte supremo después de su viaje a los infiernos, Wainamoinen encuentra las "palabras" y los "dichos felices" en el cuerpo del gigante Wipunen, una personificación mítica de la naturaleza. Para llegar a él, Wainamoinen tiene que caminar sobre la punta de las agujas de las mujeres, sobre el filo de las espadas de los hombres y sobre el filo de las hachas de los héroes, sin saber siquiera si Wipunen aún vive. Después encuentra la cabeza del gigante, sobre la cual crecen árboles, y entra en su cuerpo por la boca. Una vez dentro del monstruo, lo obliga día y noche a cantarle la canción del origen de todas las cosas y "todo el orden de la magia", de tal modo que el sol y la luna y las olas del mar se quedan quietos al escucharlo.

Walter Muchg

Bodhidarma, fundador del budismo Zen, un día en que estaba meditando, se durmió (es decir, volvió a caer, por inadvertencia, en el estado de conciencia habitual en la mayoría de los hombres). Esta falta le pareció tan horrible que se cortó los párpados. Éstos, según la leyenda, cayeron al suelo, y en seguida nació de ellos la primera planta de té. El té, que preserva del sueño, es la flor que simboliza el deseo de los sabios de mantenerse despiertos, y por esto, se dice, "el gusto del té y el gusto del Zen son parecidos".

Pauwels y Bergier: *El retorno de los brujos*

EL SABLE SAGRADO

El violento Susa-no, huyendo de la cólera de los dioses, va, de montaña en montaña y de valle en valle, meditando sobre su mala suerte. De pronto, a orillas de un río, encuéntrase con dos ancianos, que gimen contemplando a una linda doncella. "¿Qué os acontece?", les pregunta. "Al principio —contéstale uno de los ancianos— teníamos ocho hijas; pero cada año la serpiente *Koshi* nos ha devorado a una, y ahora ya no nos queda más que la princesa Kushi-nadda, que no tardará en correr la misma suerte que sus hermanas." Y agrega. "La serpiente es enorme, y tiene ocho cabezas y ocho colas; y sobre sus escamas crecen musgos y árboles; y su tamaño es como el de ocho llanuras y ocho colinas." "Yo la mataré —contesta el Augusto Macho Impetuoso—; para ayudarme en mi empresa comenzad por preparar ocho grandes cubas de aguardiente de arroz y ponerlas en las ocho puertas de una empalizada que circunda este campo." Así lo hacen los ancianos. La serpiente aparece y mete sus ocho cabezas en las ocho cubas; la borrachera la hace quedarse dormida. Susa-no, entonces, con su espada, le corta las ocho cabezas y las ocho colas. En su cuerpo encuentra el sable sagrado que hoy se conserva en Tokio. Luego, como premio, pide la mano de la doncella, se casa con ella y se la lleva a Suma, donde construye un palacio.

Kodziki, según síntesis de Enrique Gómez Carrillo

FLAUTAS

Se habla en él de un joven, Milomaki, que cantaba tan maravillosamente, que mucha gente acudía desde lejos para oírle. Llegado a la edad adulta, lo quemaron en una hoguera. Y seguía cantando con sonidos magníficos al abrirse su cuerpo. De sus cenizas surgió la primera palmera *paschiuba*, de cuya madera se tallan grandes flautas, que reproducen las melodías maravillosas que en su día cantara Milomaki. A las mujeres y los niños no les está permitido ver dichas flautas, que se tocan en las fiestas llamadas de Yurupari, en las que se danza en honor de Milomaki, creador de todos los frutos.

Mito Yahuma del Brasil, recogido por Jensen

COLOQUIO DE LOS PÁJAROS

El remoto rey de los pájaros, el Simurg, deja caer en el centro de la China una pluma espléndida; los pájaros resuelven buscarlo, hartos de su antigua anarquía. Saben que el nombre de su rey quiere decir treinta pájaros;

saben que su alcázar está en el Kaf, la montaña circular que rodea la tierra. Acometen la casi infinita aventura; superan siete valles, o mares; el nombre del penúltimo es Vértigo; el último se llama Aniquilación. Muchos peregrinos desertan; otros perecen. Treinta, purificados por los trabajos, pisan la montaña del Simurg. Lo contemplan al fin, perciben que ellos son el Simurg y que el Simurg es cada uno de ellos y todos.

Farid al-Din Abú Talib Muhámmed ben Ibrahim Attar

Dioses del cielo

A la izquierda y a derecha del pórtico de los templos budistas están las gigantescas efigies de los cuatro Diamantinos Reyes del Cielo. El mayor blande una espada mágica, Nube Azul, en cuya hoja están grabados los signos de los cuatro elementos, Tierra, Agua, Fuego, Viento. Desenvainar esta arma es engendrar un viento negro, que aniquila los cuerpos de los hombres y los convierte en polvo. El segundo carga una sombrilla, llamada Sombrilla del Caos, utensilio mágico que, al ser abierto, entenebrece al mundo, y al ser invertido, trae tempestades, truenos y terremotos. El tercero pulsa una guitarra de cuatro cuerdas; cuando el dios la toca, el mundo entero se detiene para escuchar y arden los campamentos del enemigo. El cuarto maneja dos látigos y posee una maleta de piel de pantera, donde vive una suerte de rata blanca, cuyo nombre más auténtico es Hua-hu Tiao; cuando la suelta, este animal asume la forma de un elefante de alas blancas, que se alimenta de hombres.

F. T. C. Werner: *Myths and Legends of China*

EL GÉNESIS

> Si se extiende la luz toma la forma de lo que
> está inventando la mirada.
>
> José Emilio Pacheco

CREACIÓN

No era sino la primera noche, pero una serie de siglos la
había precedido.

Rafael Cansinos-Assens

GÉNESIS HINDÚ

Él tuvo este pensamiento: "He aquí, pues, mundos: voy a
crear guardianes de estos mundos." Así Él sacó de las
aguas y formó un ser revestido de cuerpo. Él lo vio y la
boca de este ser así contemplado, se abrió como un
huevo; de la boca salió la palabra; de la palabra procedió
el fuego. Las narices se dilataron; por las narices pasó el
soplo de la respiración, se propagó el aire. Los ojos se
abrieron; de estos ojos salió un rayo luminoso; este rayo
luminoso produjo el sol. Las orejas se dilataron; de estas
orejas provino el oído, del oído las regiones del espacio.
La piel se dilató; de la piel salió el pelo; del pelo fueron

211

hechas las hierbas y los árboles. El pecho se abrió; del
pecho procedió el espíritu y del espíritu la luna. El ombligo se dilató, del ombligo provino la deglución; de ésta
la muerte. El órgano de la generación apareció; de este
órgano se derramó la simiente productiva; de allí deriva-
ron su origen las aguas.

"El Etareya A'ran'ya",Los Vedas

El caos

Ya su teogonía, según cuenta Beroso, enseñaba que la
Creación fue precedida de un tiempo en que todo eran
tinieblas y agua, y que en el seno de esta agua nacieron
espontáneamente infinidad de seres irregulares, cada uno
de los cuales tenía miembros de otro; habíalos con dos
cabezas, una de hombre y otra de mujer; con los dos
sexos; cuadrúpedos de cuatro alas; hipocentauros; toros
con cabeza humana; perros con cuatro cuerpos y cola de
pescado; caballos cinecéfalos; serpientes con cabeza de
hombre; en fin, la confusión de las formas reinaba en el
seno del Caos. Y presidía este desorden universal una
mujer llamada Omorca.

Cortóla Bel en dos pedazos para establecer el orden, y
la mitad superior transformóse en la luna y el cielo estrellado, y de la inferior salió la tierra y el mar. Los mons-
truos que en su seno vivían se desvanecieron. Bel entonces hizo brotar sangre de su cabeza, y vertiéndola sobre la
tierra, creó los hombres, los cuales, como salidos de su
cabeza, tuvieron la inteligencia divina. Dividió luego las
tinieblas, y los seres tenebrosos, no pudiendo soportar la
luz, murieron. Luego ordenó la creación, y desde entonces brilla resplandeciente en el espacio.

Pompeyo Gener: *La muerte y el diablo*

El mundo estaba lleno de agua. Y en el agua vivía la Señora de la Tierra. Era un monstruo cubierto de ojos y de fauces. Tezcatlipoca y Quetzacóatl decidieron darle forma a la Tierra. Convertidos en serpientes, enlazaron y estrecharon al monstruo hasta que se rompió en sus dos mitades. Con la parte inferior hicieron la tierra y con la parte superior el cielo. Los otros dioses bajaron a consolarla y, para compensar el daño que Tezcatlipoca y Quetzalcóatl acababan de hacerle, le otorgaron el don de que su carne proporcionara cuanto el hombre necesita para vivir en el mundo. Su piel y sus cabellos quedaron convertidos en hierbas, grama, árboles y flores. Sus ojos se mudaron en pequeñas cuevas, pozos, fuentes. Su boca se transformó en ríos y en grandes cavernas, su nariz en los montes y en los valles.

De la teogonía náhuatl recopilada por Ángel María Garibay K.

LAS LÁGRIMAS DE ASHERA

El sol, llamado Adón Adoním (Señor de los Señores), está enamorado de la Tierra (Ashera), la cual a su vez está perdida de amor por su amante cósmico. Éste, con el fuego de su pasión, la fecundiza; de estos amores siderales nacen todos los organismos que cubren la superficie de la tierra y habitan en el seno de los mares. Todo es amor en el universo; la misma creación nació del deseo. Pero viene el ardiente sol del verano, que seca la tierra y quema la vegetación. Es el Molek abrasador, el Dios de la Muerte, que ha tenido celos de los amores de Adón con la divina Ashera, y la ha asesinado allá en el Líbano, tomando la forma de un jabalí y mordiéndole en los órganos de la fecundidad, para de esta manera hacer estéril a su amada. Después, el Dios de la Muerte reina solo, con feroz soberanía. Los ardores de la canícula son sus emanaciones. Por el terror lo domina todo. La divina Ashera se convierte en Salambó y llora la muerte de su amante, en el equinoccio de otoño. Pero sus lágrimas, que caen a la tierra en forma de lluvia, no son inútiles, ni el Dios del Amor ha muerto en vano. La sangre que ha derramado en el Líbano, baja a fecundarla. A su contacto todo revive y se alegra, y el mismo Adonis resucita y aparece de nuevo en el cielo.

Levy: *Études pheniciennes*

Caída del cielo

50. En el año postrero en que fue sol Chalchiuhtlicue, como esta dicho, llovió tanta agua y en tanta abundancia, que se cayeron los cielos, y las aguas se llevaron a todos los macehuales que iban, y de ellos se hicieron todos los géneros de pescados que hay. Y así cesaron de haber macehuales, y el cielo cesó, porque cayó sobre la tierra.

51. Vista por los cuatro dioses la caída del cielo sobre la tierra, la cual fue el año primero de los cuatro, después que cesó el sol y llovió mucho —el cual año era *tochtli*—, ordenaron todos los cuatro de hacer por el centro de la tierra cuatro caminos, para entrar por ellos y alzar el cielo.

52. Y para que los ayudasen, criaron cuatro hombres: al uno dijeron Cuauhtémoc y al otro, Itzcóatl, y al otro, Itzmali (t.v. Izcalli), y al otro, Tenexuchitl.

53. Y criados estos cuatro hombres, los dos dioses, Tezcatlipuca y Quetzalcóatl, se hicieron árboles grandes. Tezcatlipuca, en un árbol que dicen *tezcahuahuitl*, que

quiere decir "árbol de espejos", y el Quetzalcóatl en un árbol que dicen *quetzalhuexotl*. Y con los hombres y con los árboles y dioses alzaron el cielo con las estrellas como agora está.

54. Y por lo haber ansí alzado, Tonacatecutli, su padre, los hizo señores del cielo y las estrellas.

55. Y porque, alzado el cielo, iban por él Tezcatlipuca y Quetzalcóatl, hicieron el camino que parece en el cielo, en el cual se encontraron y están, después acá, en él y con su asiento en él.

En *Teogonía e historia de los mexicanos,* recopilada por Ángel María Garibay K.

LA MUERTE

Poned en mi tumba un bote salvavidas, porque uno nunca sabe . . .

ROBERT DESNOS

LA SORPRESA

Una vez Asrael, el ángel de la muerte, entró en casa de
Salomón y fijó su mirada en uno de los amigos de éste. El
amigo preguntó: "¿Quién es?" "El ángel de la muerte",
respondió Salomón. "Parece que ha fijado sus ojos en mí
—continuó el amigo—. Ordena entonces al viento que
me lleve consigo y me pose en la India." Salomón así lo
hizo. Entonces habló el ángel: "Si le miré tanto tiempo
fue porque me sorprendió verle aquí, puesto que he
recibido orden de ir a buscar su alma a la India, y, sin
embargo, estaba en tu casa, en Canaán."

Beidhawi

LA BÚSQUEDA

Adolfo Gannet, famoso médico inglés del siglo pasado,
tuvo una revelación maravillosa en su clínica de Londres:
un enfermo le comunicó que había averiguado, en un
sueño azul, que la muerte era solamente una infinita
galería de retratos.

—Quien encuentre el suyo entre los millones de rostros desaparecidos —agregó el confidente— podrá reencarnar.

Ganett murió en 1895, en Escocia. En su lecho final, el rostro le sonreía con el dulce misterio de quien espera emprender una gratísima búsqueda.

César Acosta

El libro de la muerte

Aunque a Srebnitz no se le había devuelto todavía el fusil, le era permitido, en cambio, unirse a estos hombres, y pronto ellos supieron cómo llegó a perder a sus padres. Hlaka alzó la vista y le preguntó el nombre del militar prusiano que había juzgado a su madre. Srebnitz se enteró del nombre del oficial antes de abandonar la ciudad, mientras éste dormitaba en un sillón de la casa: era el mayor von Wald, y así lo hizo saber a Hlaka. Éste ordenó al hombre que se hallaba próximo a él.

—Tráeme el libro.

Y el hombre se introdujo en uno de los huecos que quedaban entre las grietas de las rocas, apareciendo luego con un libro de cuero en la mano, en tanto que otro le alcanzaba a Hlaka tinta y pluma. El jefe tomó la segunda, hecha de la pluma de un águila, y la mojó en la tinta al mismo tiempo que explicaba a Srebnitz:

—Significa la muerte para quien tenga su nombre escrito en este libro.

Al terminar de escribir arrojó un poco de arena sobre el nombre anotado y entregó el libro a uno de sus hombres para que volviera a colocarlo en sitio seguro.

Lord Dunsany

217

EPITAFIOS

Donde ella estaba, estaba el Edén.
Mark Twain

A Biante

En Priene nació Biante, hijo de Teutamo, cuyo nombre
es más respetable que los otros.

Heráclito

Responso a Lafinur

Murió en el destierro; le tocaron, como a todos los hombres, malos tiempos en que vivir.

Jorge Luis Borges

Epitafio

Extranjero, yo no tuve un nombre glorioso. Mis abuelos
no combatieron en Troya. Quizás en los demos rústicos
del Ática, durante los festivales dionisiacos, vendieron a

los viñadores lámparas de pico corto, negras y brillantes, y pintados con las heces del vino siguieron alegres la procesión de Eleuterio, hijo de Semele. Mi voz no resonó en la asamblea para señalar los destinos de la República, ni en los symposia para crear mundos nuevos y sutiles. Mis acciones fueron oscuras y mis palabras insignificantes. Imítame, huye de Mnemosina, enemiga de los hombres, y mientras la hoja cae vivirás la vida de los dioses.

Carlos Díaz Dufoo (hijo)

FALLIDO

Una vez hubo un hombre que escribía acerca de todas las cosas; nada en el universo escapó a su terrible pluma, ni los rumbos de la rosa náutica y la vocación de los jóvenes, ni las edades del hombre y las estaciones del año, ni las manchas del sol y el valor de la irreverencia en la crítica literaria.

Su vida giró alrededor de este pensamiento. "Cuando muera se dirá que fui un genio, que pude escribir sobre todas las cosas. Se me citará —como a Goethe mismo— a propósito de todos los asuntos."

Sin embargo, en sus funerales —que no fueron por cierto un brillante éxito social— nadie le comparó con Goethe. Hay además en su epitafio dos faltas de ortografía.

Julio Torri

EL MALIGNO Y LOS DEMONIOS

> Los demonios turbaron el mundo durante la
> Edad Media, pero Satanás no logró su carác-
> ter definitivo hasta el siglo XIII.
>
> JULES MICHELET

ASTUCIA

La más bella astucia del diablo es convencernos de que no existe.

Baudelaire

APOSTROFÍA

Apóstrofes legales contra el diablo: monstruo perverso, corrompido, malvado, inmundo, estúpido, insensato, tentador, devastador, maldito, reprobado, embustero, sucio, embaucador, impuro, afeminado, pérfido, envenenador, infame, orgulloso, blasfemo, doctor de la mentira, adversario del género humano, inventor de la muerte, raíz de la maldad, autor de los delitos, príncipe de los vicios, instigador de vergonzosos placeres, arrojado de la gracia, lleno de abominación, cargado de exorcismos, merecedor del fuego eterno.

Desiderio Costa

Testimonio

Konrad Lycosthenes refiere que en Rottweil, en 1545, el diablo fue visto en pleno mediodía pasearse con aire soberbio de arriba a abajo por la plaza.

Basel

Contra demonios

Un medio de ahuyentarle era también el de pintar o grabar su imagen horrorosa tal cual era. El maligno, al verse trazado sobre el muro, huía, pues su propia estampa le daba miedo.

Pompeyo Gener

"Ars longa vita brevis"

Entonces conoció Gerbert lo extenso del conocer y lo corto de la vida. "Ars longa vita brevis", ¡y la fiebre del saber le devoraba! "Para saberlo todo, no basta la vida de un hombre . . .", se dijo. Y el Diablo que le acechaba, según cuenta la leyenda, halló su momento psicológico para presentársele, como lo hizo, ofreciéndole toda la sabiduría y todo el poder de la tierra en breve plazo, a cambio de su alma; y Gerbert aceptó. Llevólo entonces el maligno a Córdoba; y allí, con la ayuda del demonio de la perseverancia y del de la penetración, aprendió el enigma de la escritura árabe cuyos caracteres se trazan al revés de las letras cristianas; el álgebra, ésta cábala de la proporción; la geometría, clave de los misterios de la forma;

conocimientos todos ignorados de los buenos creyentes. Luego alcanzó el arte de construir una máquina que midiera el tiempo, para poder ponderar la rapidez o lentitud de los procedimientos de la Providencia. Vio las estrellas de cerca, gracias a artimañas infernales, escudriñando así la obra del Creador en sus detalles; y acabó, por fin, por adquirir el arte mágico de atraerse las simpatías.

Pompeyo Gener

Treta

Pasan a la ciudad de Tresbisonda, y viene el comentario de las iglesias armenia y griega. Dice de esta última que "cuando muere algún hombre, y usó mal este mundo, y entienden por ello que es un gran pecador, en cuanto ha muerto, lo visten con paños de orden y le mudan el nombre para que el diablo no lo conozca"

Crónica del viaje a Samarcanda de los enviados de Enrique III

La tortura de Satanás

Cuando al fin pude llegar a la alcoba de Satanás, me sorprendí. Las paredes lucían algo como pana roja, y los bordados de oro eran frecuentes y hasta aburridores. La cama tenía un colchón sin duda mullido, y las sábanas estaban tan almidonadas que no me dejaron ver ninguna de las formas de una mujer de cara perfecta. Pese al resplandor rojizo que se filtraba por las ventanas, allí nadie sudaba ni sentía necesidad de ventiladores o de bebidas refrescantes. Satanás era rubio, casi albino y hermoso.

—Pero ¿no sufrís? —protesté sin temor, porque yo no tengo nada que temer.

Se incorporó, abandonó su cigarrillo en un cenicero y me dijo que sí, que sufría. Al rato se fue sin apuro, dueño de su tiempo.

Decidí preguntarle a la mujer.

Ella permaneció de espaldas, se desperezó, y me mostró una axila entalcada que parecía una telaraña, y cuando ya creía que se había quedado dormida, me respondió:

—Nada . . . Tener que ser Satanás.

Tomás de Mattos

DEMONOLOGÍA PRECISA

No faltaron los demonólogos que creyeron poder hacer el cómputo de los diablos existentes. Según Wier, los diablos son 7 409 127, subordinados a 72 príncipes (cálculo que a De Lancre, *Tableau de l'inconstance des mauvais anges,* muy hostil a Wier, le parece que "no puede apoyarse en otra razón que sobre la revelación de Satanás mismo"). El desconocido autor (tal vez Fromentau) de *Le Cabinet du Roy,* publicado en 1581, da la cifra de 7 405 920, que esultaría del gran número pitagórico 1 234 321 multiplicado por 6. Según otros existen 6 legiones de demonios, cada legión comprende 66 cohortes, cada cohorte 666 compañías, cada compañía 6 666 diablos: en total, una desmesurada caterva de 1 758 640 176.

Giuseppe Faggin: *Las brujas*

Según estos demonólogos (Juan Wier y Cornelio Agrippa), Satanás ya no es el soberano del Infierno; ha sido destronado, y en su lugar reina Belzebuth. Satanás ha quedado reducido a ser el "jefe del partido de oposición". Esta idea, aparentemente caprichosa, tiene necesariamente un sentido. El hecho es que, en los grimorios y en los tratados mágicos, apenas suena el nombre de Satanás, y en cambio se repiten profusamente los del que, según los demonógrafos, componen el partido dominante. Satanás es más conocido de los que no creen en la magia. Es como si los partidos opuestos se hubiesen repartido el dominio del mundo y de los hombres, asumiendo Belzebuth el patronato de la superstición y Satanás el de la razón. Belzebuth sería el Emperador de los magos y de los locos; Satanás, el Emperador de los filósofos y de los sabios. Uno operaría mediante la credulidad y la psicopatía, el otro mediante el análisis y la crítica.

Vicente Risco: *Satanás, historia del diablo*

Gotha del Averno

Díjose en esta época que en la corte del Infierno había siete príncipes y que el trono del Averno no pertenecía a Satán sino a Belzebú, Señor de los Infiernos, jefe supremo de todos los demonios. Éste era el primero entre los príncipes. Luego le seguían: Satán, antiguo jefe destronado, príncipe de las sublevaciones; Euronime, Príncipe de la Muerte; Moloch, Príncipe del Terror y del País de las Lágrimas; Plutón, Príncipe del Fuego; Pan, Príncipe de los Íncubos; Lilith, Príncipe de los Súcubos.

Después venían varias otras jerarquías y dignidades antes de llegar al populacho de los demonios sin rango.

Wyer

IMPERIO DE SATANÁS

Son varios los libros que . . . nos suministran la "Guía oficial" del Imperio de Satanás.

En el *Gran Grimorio* y en la *Clavícula Salomonis,* así como en diversas versiones del *Libro de San Cipriano, tesoro del hechicero,* se da, con casi entera coincidencia, la siguiente:

Espíritus supremos:

Lucifer, Emperador; *Belzebuth,* Príncipe; *Astaroth,* Gran Duque.

Espíritus superiores:

Lucifuge Rofocale, Primer Ministro. Este gran espíritu tiene poder "sobre todas las Riquezas y sobre todos los Tesoros del Mundo".

Satanachia, Gran General. Tiene poder "de someter a todas las mujeres y a todas las muchachas".

Agaliarept, General. Tiene poder "de descubrir los secretos más escondidos".

Fleuretty, Teniente general. Tiene poder "de hacer la obra que se desee durante la noche; hace también caer el granizo donde quiere".

Sargatanas, Brigadier. Tiene poder "de hacer a uno invisible, de transportarlo por todas partes, hacerle ver lo que ocurre en las casas y abrir las cerraduras. Enseña las ciencias secretas".

Nebiros, Mariscal de Campo. Tiene poder "de causar mal a quien quiere, hace encontrar la *main de gloire,* enseña todas las cualidades de los metales, de los minerales, de los vegetales y de todos los animales"; predice el porvenir, va por todas partes y es "uno de los más grandes nigrománticos de todos los espíritus infernales".

Vicente Risco: en Historia del diablo

Monarquía infernal

La monarquía revolucionaria del Infierno tiene, pues, a Belzebuth por Emperador y Jefe Supremo, y, como toda revolución acaba por tener su aristocracia, la infernal la tiene también:

Siete Reyes obedecen al Emperador Belzebuth, a saber:

Bael, primer rey del Infierno, cuyos Estados se hallan por la parte de Oriente. Tiene tres cabezas: una de sapo, otra de hombre y otra de gato; tiene a sus órdenes sesenta y seis legiones de demonios; es buen combatiente y enseña a sus protegidos la astucia y el engaño, y el modo de volverse invisibles.

Pursan manda veintidós legiones; conoce el pasado, el presente y el porvenir y descubre las cosas enterradas. Es el padre de los buenos espíritus familiares y aparece montado en un oso, en forma humana con cabeza de león, llevando en las manos una furiosa serpiente; el sonido de las trompetas los precede, y, si toma figura de hombre, es aéreo.

Byleth manda ochenta legiones. Fue, en el Cielo, del Coro de las Potestades y espera volver a ocupar allí el séptimo trono. Es un demonio fuerte y terrible, que aparece en un caballo blanco, precedido de músicas y trompetas.

Paymón manda doscientas legiones . . . Aparece con rostro de mujer, llevando una diadema cuajada de cente-

lleante pedrería, montado en un dromedario y acompa-
ñado de los Príncipes Bebal y Abalam.

Belial tiene una gran importancia y una accidentada
historia. Tiene a sus órdenes ochenta legiones, compues-
tas de 522 280 demonios.

Vicente Risco: *Historia del diablo*

DEL AVERNO

Penas del Báratro

En palabras latinas: pix, nix, nox, vermis, flagra, vincu-
lada, pus, pudor, horror, o sea: pez hirviendo, nieve
helada, noche oscura, repugnantes gusanos, fuego ardiente, pesadas cadenas, superación asquerosa, innoble
vergüenza, horror sin fin.

Cesáreo de Heisterbach

Elección

Oye: imagina que te ha llegado la hora de morir. Estás
solo y muy débil, y agonizas mientras el viento agita el
estrecho río que atraviesa tus amplias tierras. Hay un
silencio y luego una voz te dice: Uno de estos paños es el
cielo, el otro el infierno. Elige uno para siempre; yo no te
diré cuál; tú lo dirás, con tu propia fuerza. ¡Míralos bien!
y tú, mi señor, abres los ojos y al pie de tu lecho familiar
ves un gran ángel de Dios, con nunca vistos colores en las
alas y en los brazos abiertos y contra una luz que viene del
fondo del cielo, mostrándolo bien y haciendo que sus
órdenes sean como órdenes de Dios, y sosteniendo en las
manos los lienzos. Uno de estos extraños lienzos es azul y
alargado y el otro breve y rojo, y nadie puede decir cuál es
mejor. Después de una despavorida media hora, excla-

mas: ¡Qué Dios me ampare! ¡El color del cielo! ¡El azul!
El ángel dice: El infierno. Tal vez entonces te revuelves
en el lecho y gritas a cuantas personas te quisieron: ¡Ah
Cristo, si yo hubiera sabido, sabido!

William Morris

INFERNO V

En las altas horas de la noche, desperté de pronto a la
orilla de un abismo anormal. Al borde mi cama, una falla
geológica cortada en piedra sombría, se desplomó en
semicírculos, desdibujada por un tenue vapor nausea-
bundo y un revuelo de aves oscuras. De pie sobre su
cornisa de escorias, casi suspendido en el vértigo, un
personaje irrisorio y coronado de laurel me tendió la
mano invitándome a bajar.

Yo rehusé amablemente, invadido por el terror nocturno, diciendo que todas las expediciones, hombre
adentro, acaban siempre en superficial y vana palabrería.

Preferí encender la luz y me dejé caer otra vez en la
profunda monotonía de los tercetos, allí donde una voz
que habla y llora al mismo tiempo, me repite que no hay
mayor dolor que acordarse del tiempo feliz en la miseria.

Juan José Arreola: *Prosodia*

PAOLO Y FRANCESCA

No están en el infierno por adúlteros (*Dante, Infierno,* V).
Se amaban, es cierto. Pero rechazaron la alternativa del
pecado, la vergüenza, el inevitable hastío. Eligieron la

muerte. No podían suicidarse. El suicidio los condenaría, los separaría por toda la eternidad. Idearon otro plan: obligar a Gianciotto (el marido de Francesca) a que los matase. Empezaron: multiplicaban en su presencia las miradas de complicidad, los suspiros, los rubores. Gianciotto, que era celosísimo, cayó en la trampa. Una noche lo esperaron en la alcoba de Francesca. Sabían que los vigilaba. Cuando oyeron sus pasos, copiaron la figura de los adúlteros, se tomaron de las manos, por primera vez se besaron. Gianciotto entró (ellos, temblando, cerraron los ojos) y los mató. Dios los condenó, a causa de este crimen de Gianociotto, a un infinito acoplamiento en el segundo círculo del infierno.

Marco Denevi

Las naves del Infierno

Para los negros de Benín, el infierno estaba en el mar: desde el mar arribaron a Benín los navíos de los negreros.

Dictionnaire de la Conversation et de la Lecture (1873)

Infierno de siete pisos

Alá fundó un Infierno de siete pisos, cada uno encima del otro, y cada uno a una distancia de mil años del otro. El primero se llama Yahannam, y está destinado al castigo de los musulmanes que han muerto sin arrepentirse de sus pecados; el segundo se llama Laza, y está destinado al castigo de los infieles; el tercero se llama Yahim, y está destinado a Gog y Magog; el cuarto se llama Sa'ir, y está destinado a las huestes de Ibis; el quinto se llama Sakar, y está preparado para quienes descuidan las oraciones; el sexto se llama Hatamah, y está destinado a los judíos y a los cristianos; el séptimo se llama Hauiyah, y ha sido preparado para los hipócritas. El más tolerable de todos es el primero: contiene mil montañas de fuego, en cada montaña, setenta mil ciudades de fuego, en cada ciudad, setenta mil castillos de fuego, en cada castillo, setenta mil casas de fuego, en cada casa, setenta mil lechos de fuego, y en cada lecho, setenta mil formas de tortura. En cuanto a los otros infiernos, nadie conoce sus tormentos, salvo Alá el Misericordioso.

Las mil noches y una noche

CASTIGO ADECUADO

En el *Naraka,* o Infierno, el voluptuoso es arrojado a los brazos de una estatua de mujer, enrojecida en el fuego.

Baronesa de Servus

COSTUMBRE

Cuando somos niños, el infierno es nada más que el nombre del diablo puesto en la boca de nuestros padres. Después, esa noción se complica, y entonces nos revolcamos en el lecho, en las interminables noches de la adolescencia, tratando de apagar las llamas que nos queman —¡las llamas de la imaginación! Más tarde, cuando ya no nos miramos en los espejos porque nuestras caras empiezan a parecerse a la del diablo, la noción del infierno se resuelve en un temor intelectual, de manera que para escapar a tanta angustia nos ponemos a describirlo. Ya en la vejez, el infierno se encuentra tan a la mano que lo aceptamos como un mal necesario y hasta dejamos ver nuestra ansiedad por sufrirlo. Más tarde aún (y ahora sí estamos en sus llamas), mientras nos quemamos, empezamos a entrever que acaso podríamos aclimatarnos. Pasados mil años, un diablo nos pregunta con cara de circunstancias si sufrimos todavía. Le contestamos que la parte de rutina es mucho mayor que la parte de sufrimiento. Por fin llega el día en que podríamos abandonar el infierno, pero enérgicamente rechazamos tal ofrecimiento, pues, ¿quién renuncia a una querida costumbre?

Virgilio Piñeira

DE KEYSERLING

—Conocí a un hombre que recibía noticias del cielo. Un día me comunicó las últimas novedades que se contaban en el cielo. ¿Saben ustedes cuáles eran? Que puede ser que Lucifer se redima con un acto de arrepentimiento; que Lucifer puede redimirse, pero no sus criaturas.

Alfonso Reyes

SADISMO Y MASOQUISMO

Escena en el infierno
    Sacher-Masoch se acerca al Marqués de Sade y, masoquísticamente, le ruega.
    —¡Pégame, pégame! ¡Pégame fuerte, que me gusta!
    El Marqués de Sade levanta el puño, va a pegarle pero

se contiene a tiempo y, con la boca y la mirada crueles, sadísticamente le dice:

— No.

Enrique Anderson Imbert

UN DEMONIO

Ésta es una historia del pasado.

Un hombre se había alojado durante la noche con una mujer alegre, en la logia de Ichijo. Pero cerca de medianoche comenzó a soplar el viento y a llover. Cuando la violencia de los elementos aumentaba, alguien pasó por la avenida cantando: "todos los operantes son impermanentes . . ." ¿Quién puede ser?, se preguntó el hombre. Levantó suavemente el voladizo y miró: y he ahí que se trataba de un demonio con cabeza de caballo, tan alto como el goterón del tejado. Aterrorizado, el hombre dejó caer el voladizo y volvió al fondo de la habitación. Pero entonces el demonio hundió el enrejado de madera, introdujo su cabeza en el interior y dijo: "Me has visto bien, ¿eh?; ¡me has visto bien!" El hombre desenvainó su sable, resuelto a atacar si el demonio penetraba al interior. Mientras se mantenía en guardia con la joven a su lado, el demonio agregó: "¡Mírame bien, bien!" y se fue. El hombre sintió miedo cuando pensó que podía tratarse de lo que se llama "los cien demonios que van por la noche". En lo sucesivo, nunca más durmió en la logia de Ichijo, según se dice.

Ujishui-Monogatari

Una anécdota en la que Bodhidharma es el héroe, refiere que habiendo discutido éste la existencia del Infierno con un príncipe chino que la negaba, mientras aquel se obstinaba en afirmarla, el príncipe se acaloró en el curso de la discusión. Se enfureció al escuchar que se le contradecía, y sin ningún respeto por su interlocutor le poseyó la furia, y sin poderse contener injurió a Bodhidharma, que al verlo en ese estado le dijo tranquilamente una vez más: "El infierno existe y os encontráis en él".

Alexandra David-Neel

Verdadero infierno

Su Infernal Majestad Chin Kuang está a cargo del registro de la vida y de la muerte tanto de los viejos como de los jóvenes, y preside el sitio de juicio en las regiones inferiores. Su corte está situada en el gran Océano, muy lejos, más allá de la roca Wu-chiao, lejos, hacia el oeste, cerca del camino penumbroso que lleva a los Manantiales Amarillos. Cada hombre o mujer que muere en la vejez y cuyo destino es nacer de nuevo en el mundo, si sus partes de bien y de mal están igualmente balanceadas, es enviado a la Primera Corte, y de allí devuelto a la Vida, el hombre transformándose en mujer, la mujer en hombre, el rico en pobre y el pobre en rico, de acuerdo a sus diversos merecimientos. Pero aquellos cuyas obras malas sobrepasan a las buenas, son enviados a una terraza a la derecha de la Corte, llamada la Terraza del Espejo del Pecado, de tres metros de alto. El espejo mide diez brazadas en circunferencia y cuelga mirando hacia el este.

Sobre él hay siete caracteres escritos horizontalmente: Terraza del Espejo del Pecado Para los Hombres Malos. Allí las almas malvadas pueden ver la vileza de sus propios corazones mientras estuvieron entre los vivos, y el peligro de la muerte y del infierno . . . Luego son enviadas a la Segunda Corte, donde se les tortura y se les hace pasar al verdadero infierno.

Yü Li Ch'ao Chuan

El país inmutable

Los libros mágicos describen el infierno, diciendo que es el lugar donde no existe ya el sentimiento, el fondo del interior, el lugar donde no está la bendición, la tumba, el templo temido, infierno al cual bajaban todos los muertos, en él no había premios ni castigos, las tristezas del país inmutable eran iguales para todos.

Rawlinson

Vathek

Vathek (Harún Benalmotásim Vatiq Bilá, noveno califa abbasida) erige una torre babilónica para descifrar los planetas. Éstos le auguran una sucesión de prodigios, cuyo instrumento será un hombre sin par, que vendrá de una tierra desconocida. Un mercader llega a la capital del imperio; su cara es tan atroz que los guardias que lo conducen ante el califa avanzan con los ojos cerrados. El mercader vende una cimitarra al califa; luego desaparece. Grabados en la hoja hay misteriosos caracteres cambiantes que burlan la curiosidad de Vathek. Un hombre (que luego desaparece también) los descifra; un día significan: *Soy la menor maravilla de una región donde todo es maravilloso y digno del mayor príncipe de la tierra;* otro: *Ay de quien temerariamente aspira a saber lo que debería ignorar.* El califa se entrega a las artes mágicas; la voz del mercader, en la oscuridad, le propone abjurar de la fe musulmana, y adorar los poderes de las tinieblas. Si lo hace, le será franqueado el Alcázar del Fuego Subterráneo. Bajo sus bóvedas podrá contemplar los tesoros que los astros le prometieron, los talismanes que sojuzgan el mundo, las diademas de los sultanes preadmitas y de Suleimán Bendáud. El ávido califa se rinde; el mercader le exige cuarenta sacrificios humanos. Transcurren muchos años sangrientos: Vathek baja hasta el fondo del mundo. Una silenciosa y pálida muchedumbre de personas que no se miran erra por las soberbias galerías de una palacio infinito. No le ha mentido el mercader: el Alcázar del Fuego Subterráneo abunda en esplendores y en talismanes, pero también es el Infierno.

William Beckford: según síntesis de J. L. Borges

Sobre Dante

Hay, a fe mía, cosas hermosas, sobre todo en su infierno. Encierra a los heresiarcas en tumbas de fuego, cuya llama se escapa y lleva la desolación a lo lejos; a los ingratos, en nichos donde derraman lágrimas que se hielan sobre las caras; y a los perezosos en otros nichos; y dice de éstos últimos que la sangre cae de sus venas y que la recogen gusanos desdeñosos.

Diderot

Cuando Teresa y yo llegamos al infierno, Minos se ciñó dos veces al cuerpo con la capa y nos mandó a ese círculo que se ha hecho famoso por la historia de Francesca de Rímini y Paolo Malatesta. ¡Imposible soñar paraíso semejante! Desde que llegamos se dejó sentir el impulso afrodisiaco de las llamas y nos entregamos a una lujuria insistente. No tardamos mucho en contagiar a los demás condenados y así el Segundo Círculo del infierno se convirtió de pronto en escenario de increíbles orgías. Como es de suponerse, el Señor se enteró en el acto y cambió nuestra sentencia; desde entonces estamos en el paraíso, colocados a insalvable distancia, confundidos por los coros angélicos, purificados los dos de tal manera que parecemos creaciones de Botticelli, contemplandonos, solamente contemplándonos, mientras todo el cielo tiembla y se desbarata como flamita nerviosa de cirio pascual ante las notas triunfales del tedéum.

José Joaquín Blanco

Infiernito

Tres siglos antes de la era cristiana, Asoca, emperador de la India, ordenó a sus arquitectos y albañiles, la erección de un infierno terrenal, rico en montañas de cuchillos y piletas de aceite hirviendo. Un monje budista, que recorría la comarca, fue el penúltimo de los huéspedes; los alguaciles lo arrojaron a una de las terribles piletas, cuyo aceite, al contacto del cuerpo venerable, se convirtió en agua tibia, florecida de lotos. Asoca no desoyó esta advertencia y ordenó la demolición del recinto, no sin antes

237

agotar las torturas en la persona del administrador. El peregrino budista Sung Yun ha referido el caso.

P. Zaleski

INFIERNO DUPLE

El filósofo místico Mohidin Ben Arabí, de Murcia, distribuye el Infierno en dos partes: una está destinada a castigar los pecados externos, o de acción; la otra, los internos, o de pensamiento. De una parte se encuentran los ateos y los incrédulos, de la otra los politeístas y los hipócritas. El Infierno se compone de siete círculos concéntricos, destinados a los pecados de los sentidos y de las partes del cuerpo: el correspondiente a la vista se llama Sichin; el del oído, Alhathma; el de la lengua, Ladhi; el de las manos, Sacar; el del vientre, Asair; el sexo, Alchahim; el de los pies, Chacham. En cierta manera, esta división corresponde a la de la figura humana.

Vicente Risco

KAWELU Y HIKU

Abandonada por su amante, Kawelu muere de tristeza. Hiku desciende a los Infiernos a lo largo de la cepa de una viña, se apodera del alma de Kawelu, la encierra en un coco y vuelve a la Tierra. La devolución del alma al cuerpo sin vida se hace del siguiente modo: Hiku introduce el alma en el dedo gordo del pie izquierdo, después, al friccionar la planta del pie y la pantorrilla, consigue que llegue hasta el corazón. Antes de descender a los Infiernos, Hiku había tomado la precaución de untar su cuerpo con aceite rancio para tener el mismo olor que un cadáver; cosa que no hizo Kena, por lo que inmediatamente fue descubierto por la Dama de los Infiernos.

Mircea Eliade

DIOSES DEL CIELO

A la izquierda y a derecha del pórtico de los templos budistas están las gigantescas efigies de los cuatro Diamantinos Reyes del Cielo. El mayor blande una espada mágica, Nube Azul, en cuya hoja están grabados los signos de los cuatro elementos, Tierra, Agua, Fuego, Viento. Desenvainar esta arma es engendrar un viento negro, que aniquila los cuerpos de los hombres y los convierte en polvo. El segundo carga una sombrilla, llamada Sombrilla del Caos, implemento mágico que, al ser abierto, entenebrece al mundo, y al ser invertido, trae tempestades, truenos y terremotos. El tercero pulsa una guitarra de cuatro cuerdas; cuando el Dios la toca, el mundo entero se detiene para escuchar y arden los campamentos del enemigo. El cuarto maneja dos látigos y posee una maleta de piel de pantera, donde vive una suerte de rata blanca, cuyo nombre más auténticos es Hua-hu Tiao; cuando la sueltan, este animal asume la forma de un elefante de alas blancas, que se alimenta de hombres.

F. T. C. Werner: *Myths and legends of China*

¿NO HAY MÁS?

Juro por la aurora, por la décima noche del mes, por los

pares y los nones, que los impíos serán castigados y precipitados en las llamas, en las cuales no podrán morir. Criamos el infierno para castigo de los ángeles rebeldes y para los hombres que tienen corazón y no sienten los estímulos de la virtud, que tienen ojos y no la ven, oídos y no la oyen. Allí castigaré a los impíos, a los que desprecia- ron su existencia, a los que desobedecieron mis precep- tos, a los que no quisieron creer en la unidad de un Dios Omnipotente y a los que se comieron el pan de los pobres. Los tesoros del mundo no podrán redimirlos y su miseria no tendrá fin; los haré quemar en un fuego eterno y renovaré su piel para que se quemen de nuevo; el infierno será su lecho, el fuego su alimento, y en vano pedirán remedio contra el bronce fundido en que serán precipitados y que será su bebida. Si tratan de salir serán golpeados con mazas de hierro y gritarán: "¡Pluguiese a Dios que yo volviese a la tierra, que entonces sería del número de los creyentes!" Preguntarán al que dirige el fuego infernal: "¿Nos librará tu Señor de estos tormen- tos?" Y les responderá: "Sufriréis por toda la eternidad." Dios preguntará al infierno: "¿Estás lleno?" y el infierno responderá: "¿No hay más?"

Mahoma. El Corán

VISIÓN DEL INFIERNO

. . . todo me faltaba, todo de golpe y a la vez, hasta el fin: el aire, la luz, pero sobre todo me desesperaba la certeza de que estaba allí para siempre replegado sobre mí mismo, sin esperanza de nada, de ninguna otra cosa, para siempre; ni de salir ni de recibir ninguna visita, ni de escuchar ningún ruido en lo sucesivo, ni poder hacer ningún movimiento: amurallado, encerrado herméticamente en una concha blanca sin abertura, hecha exactamente a mi medida: surgido del huevo y vuelto al huevo; la célula definitiva vuelta a su forma original, átomo que nadie entreabriría más.

Marcel Jouhandeau

ÁNGELES AL ROJO

Dios ha creado un ángel y le ha creado tantos dedos como es el número de los condenados al fuego; y no es atormentado cada uno de éstos, sino con un dedo de los dedos de aquel ángel. ¡Por Alá os digo que si este ángel pusiese uno de sus dedos sobre el firmamento, fundiríase por su calor!

Tawus Al-Yamani

EXPIACIONES

A través de las cinco regiones de la transmigración —la existencia divina y humana, la región de los espectros, el reino animal y los infiernos— nos llevan las consecuencias de nuestras obras. A los justos, el esplendor paradisiaco los espera. Al impío los guardianes del infierno lo conducen ante el trono del rey Yama; éste le pregunta si nunca vio, durante su permanencia en la tierra, a los cinco mensajeros que envían los dioses para prevenir al hombre; las cinco personificaciones de la debilidad y del dolor humanos: el niño, el viejo, el enfermo, el criminal que expía su pena, el muerto. Por cierto los ha visto. El rey le dice: "Y cuando llegaste a la edad madura no pensaste, oh hombre, en ti mismo; no te dijiste: Yo también padezco el nacimiento, la vejez, la muerte. Quiero hacer el bien por el pensamiento, por las palabras, por los actos." Pero el hombre responde: No fui capaz, Señor. Entonces el Rey Yama le dice: Esas malas obras te pertenecen; no es tu madre quien las ha hecho, ni tu padre, ni tu hermano, ni tu hermana, ni tus amigos ni consejeros, ni la gente de tu sangre, ni los ascetas, ni los brahamanes, ni los dioses. Tú hiciste esas malas obras, tú debes recoger el fruto. Y los guardianes del infierno lo arrastran al lugar de los suplicios. Lo encadenan con fierros candentes, lo arrojan en lagos de sangre abrasadora, lo torturan sobre montañas de carbones en llamas, y no muere hasta haber expiado la última parcela de su culpa.

Devaduta-Sutta

Pesador de almas

Entre los Sakai, se cree que el alma abandona el cuerpo por la parte posterior de la cabeza y se dirige hacia Occidente. El muerto trata de entrar en el Cielo por la misma puerta que utilizan las almas de los Malayos, pero, como no lo consigue, pasa por el puente Menteg, tendido sobre una caldera de agua hirviendo. El puente es en realidad el tronco de un árbol sin corteza. Las almas de los malvados caen en la caldera. Yenang se apodera de ellos, los abrasa hasta dejarlos convertidos en cenizas; entonces los pesa: si las almas son livianas, las envía al Cielo; de no ser así, continúa quemándolas para purificarlas por el fuego.

Mircea Eliade

El Nifleim o infierno fue abierto muchos inviernos antes de formar la tierra. En medio de su recinto hay una fuente, de donde salen con ímpetu los ríos siguientes: La Congoja, la Perdición, el Abismo, la Tempestad y el Bramido. A orillas de estos ríos, se eleva un inmenso edificio cuya puerta se abre por el lado de la media noche y está formado de cadáveres de serpientes, cuyas cabezas vueltas hacia el interior, vomitan veneno, del cual se forma un río en que son sumergidos los condenados. En aquella mansión hay nueve recintos diferentes: en el primero habita la Muerte, que tiene por ministros al Hambre, la Miseria y el Dolor; poco más lejos se descubre el lóbrego Nastrond o ribera de los cadáveres, y más lejana una floresta de hierro en la que están encadenados los gigantes; tres mares cubiertos de nieblas circundan esa floresta y en ella se hallan las débiles sombras de los guerreros pusilánimes. Sobre los asesinos y perjuros vuela un negro dragón, que los devora y los vomita sin descanso y expiran y renacen a cada momento entre sus anchos ijares; otros condenados son despedazados por el perro Manargamor que vuelve a derecha e izquierda su deforme cabeza; y alrededor de Nifleim giran de continuo el lobo Fenris, la serpiente Mingard y el dios Loke, que vigila por la continuidad de las penas impuestas a los malos y a los cobardes.

Edda

Fuego inextinguible

Pero se sabe asimismo que este fuego no es igual al que conocemos, que tiene necesidad de recibir constantemente nuevos alimentos; el fuego divino se mantiene por sí mismo, sin ser alimentado desde afuera, no produce humo y es puro, líquido y fluido como el agua. No se levanta en torbellinos como el fuego terrestre. Abrasa a los condenados y los consume, pero al mismo tiempo los vuelve a crear, todo lo que despoja al cuerpo lo vuelve a reponer, y de ese modo se procura a sí mismo un eterno alimento.

Lactancio

Bien enterado

Es imposible describir las caras de los réprobos, si bien es cierto que las de aquellos que pertenecen a una misma sociedad infernal son bastante parecidas. En general son espantosas y carecen de vida, como las que vemos en los cadáveres; pero algunas son negras y otras refulgen como antorchas; otras abundan en granos, en fístulas, en úlceras; muchos condenados, en vez de cara, tienen una excrecencia peluda, u ósea; de otros, sólo se ven los dientes. También los cuerpos son monstruosos. La fiereza y la crueldad de sus mentes modelan su expresión; pero cuando otros condenados los elogian, los veneran y los adoran, sus caras se componen y dulcifican por obra de la complacencia.

Debe entenderse, sin embargo, que tal es la apariencia de los réprobos vistos a la luz del cielo, pero que entre ellos se ven como hombres; pues así lo dispone la misericordia divina, para que no se vean tan aborrecibles como los ven los ángeles.

No me ha sido otorgado ver la forma universal del infierno, pero me han dicho que de igual manera que el Cielo tiene, en conjunto, la figura del hombre, así el Infierno tiene la figura del Diablo.

Emmanuel Swedenborg: *De Coelo et Inferno*

PARADISIACA

Cuando Set llegó al paraíso, lo confundió
con un incendio: tal era su esplendor.

KUHNMUENCH

POST MORTEM

En el Paraíso nos atenderán las huríes, vírgenes de ojos
como estrellas, de inmarcesible virginidad que renace
bajo los besos y de saliva tan suave que si una gota cayera
en los océanos toda el agua se endulzaría.

Du Ryere: *El Corán*

DEL CIELO MUSULMÁN

Setenta y dos huríes, o muchachas de ojos negros, de
luminosa hermosura, floreciente juventud, virginal pu-
reza y exquisita sensibilidad, serán creadas para el uso del
más mezquino de los creyentes; un momento de placer
será extendido mil años, y las facultades del hombre serán
aumentadas doscientas veces, para que sea digno de su
felicidad.

Gibbon

Abu Musa relata: "El Apóstol ha dicho: 'En verdad, para cada musulmán hay un quiosco en el paraíso; está hecho de una sola perla, su interior está vacío, su ámbito es de sesenta *kos,* y en cada rincón estarán sus mujeres, y no se verán una a otra, y el musulmán las amará alternativamente, etcétera, etcétera.' "

Thomas Patrick Hughes

LA FELIZ HORAI

. . . Como en Horai no es conocido el gran demonio del mal, los corazones de sus habitantes no envejecen nunca. Y por ser siempre jóvenes de corazón, sonríen desde que nacen hasta que mueren, excepto cuando los dioses les envían algún sufrimiento. Y entonces se cubren los rostros hasta que desaparecen las penas. Todos los pobladores del feliz Horai se aman y se confían unos a otros, igual que si fueran miembros de una sola familia. Y los acentos con que hablan las mujeres son tan dulces, que parecen cantos de alegres pajarillos, pues los corazones de las mujeres de Horai son tan transparentes como las almas de los pájaros. Y las oscilaciones de las mangas de las doncellas, cuando juegan, semejan el revoloteo de unas tenues y anchas alas. En Horai nada permanece oculto, fuera de las penas, porque allí no hay motivos para sentir vergüenza por nada, pues nada hay que necesite estar oculto; como allí no puede haber ladrones, tanto de día como de noche las puertas se hallan siempre abiertas; allí no existe nada que temer. Y como los habitantes de Horai son hadas, aunque mortales, todas las cosas de

Horai, excepto el Palacio del Rey Dragón, son pequeñas, extrañas y fantásticas. Y estas pequeñas hadas ciertamente comen su arroz en escudillas microscópicas y beben su vino en copas de no mayor cavidad que un dedal de mujer . . .

Lafcadio Hearn

MÁS DE HORAI

Dicen que en Horai no existen ni la muerte, ni el pesar, ni el invierno. Allí no se marchitan nunca las flores, y el fruto no se termina jamás, y si una sola persona prueba una sola vez aquellas frutas no volverá a sentir hambre ni sed. En Horai crecen las plantas encantadas So-rin-shi, Bankon-to y Riku-go-aoí, que curan toda clase de enfermedades, y también la mágica hierba Yo-shin-shi, que resusita a los muertos, y esta mágica hierba es regada por una agua de la cual basta beber un solo trago para disfrutar de perpetua juventud. Los habitantes de Horai comen su arroz en unas escudillas muy pequeñitas; pero el arroz no disminuye nunca, por mucho que coman, hasta que el comilón se ha hartado. Y beben el vino en unas copas diminutas, y nunca se vacían, por mucho que beban, hasta que el bebedor se siente invadido por la agradable somnolencia de la embriaguez . . .

Lafcadio Hearn

PARAÍSOS HINDÚES

Hay, dicen los libros sagrados de los indios, muchas habitaciones en la mansión de los bienaventurados. El primer paraíso es el de Indra, donde son admitidas las almas virtuosas de cualquier casta o sexo; el segundo es el de Visnú, donde sólo pueden entrar sus adoradores; el tercero está reservado a los adoradores de Lingman, el cuarto es el paraíso de los Bramanes y sólo se abre para ellos. En todos el premio es proporcionado a los méritos y sin embargo en todos son indecibles los placeres. Cuanto puede incitar los sentidos y satisfacer los deseos, cuanto puede concebir la imaginación de placeres sin mezcla de disgusto, de reposo sin fastidio, de felicidad sin fin, se encuentra reunido en el cielo para la bienaventuranza de los justos.

Dubois

El cielo cuna

Una muchacha cuna de quince años, con una bonita argolla de oro en la nariz, me ha hecho el siguiente relato del cielo:

"Cuando uno se muere se va en una canoa por un río largo. Uno está entonces muy débil, como borracho, y no puede remar. Va así, muy débil, en el centro de la canoa, y van cinco personas adelante y cinco atrás, que son los que reman. (Le pregunté si estas personas se veían, y me respondió con mucho énfasis: '¡No se ven!'). El río tiene diez vueltas. Cuando ya el río está muy estrecho y tiene poca agua, se bajan de la canoa y empiezan a caminar hasta llegar al cielo.

"En el cielo todo es de oro. Se visten vestidos muy lindos, de sedas, con muchos colores. No más vestidos como éstos —y señalaba su vestido—. Hay caballos muy grandes, y muchos perfumes, y casas muy lindas. Todas las casas tienen sus números. Allí en el cielo están todos los días aprendiendo, y aprendiendo mucho. Se aprenden muchas cosas, se aprende a leer.

"Peleas, eso se arreglan. No más peleas en el cielo.

"Cuando uno llega donde Dios, Dios está dé espaldas. Uno le pregunta si lo quiere coger, Dios sólo vuelve la cabeza un poco. Se le repite la pregunta y se vuelve un poco más. A la tercera vez está completamente de frente. A los que han sido malos, a los que tienen rabias, Dios los sopla y los bota otra vez al río por donde habían venido. A los buenos les dice: 'Éste es un chiquito mío', y los coge en sus brazos. Porque cuando uno llega allá se vuelve como un chiquito.

"En el cielo uno se hace 'de oro mismo'. Cuando una muchacha murió sin casarse, allí consigue marido: 'muchachos muy bonitos'. Cada persona que se muere encuentra su casa con su número. Antes de que se muera su casa no tiene número. Cuando se muere se abre su casa y tiene número. Cada persona tiene su tienda. Los amigos tienen todas las tiendas juntas. Los maridos y las mujeres ya no duermen juntos, sino que tienen sus tiendas, una al lado de la otra, y también las demás tiendas de los parientes y de los amigos.

En el cielo nunca se trabaja. Ya jamás se trabaja para cocinar. Todos tienen buenos vestidos y buenos zapatos.

Ernesto Cardenal

PIEDRAS DE ÁNGELES

Alí dice que las estrellas fugaces son piedras que tiran los ángeles en el cielo para alejar a los malos *djinns* cuando quieren escuchar a escondidas las conversaciones del Paraíso y enterarse de los secretos del futuro.

Lawrence Durrell: *Mountolive*

En aquel tiempo llegó el Señor, intempestivamente. Tocó el aldabón, impulsivamente. Lámparas en alto, salieron a recibirlo las vírgenes prudentes.

—¿Y las otras? —preguntó.

—Se durmieron.

—A ver.

Sí, estaban profundamente dormidas; algunas roncaban; algunas, en posturas inconvenientes.

El Señor, a sus años, no quiso despertarlas, regañarlas.

Entonces, una del encendido coro, prudentemente preguntó:

—Señor, ¿debemos tomar la píldora? Las muchachas dormidas, todas, la toman, dizque porque comen manzanas.

El señor, mano en mejilla, reflexionó; tras largo silencio contestó:

—No, no hace falta.

Agustín Yáñez

TIEMPOS DISTINTOS

Refiere el Panteón de Godofredo de Viterbo que unos monjes partieron de la costa de Bretaña, rumbo al paraíso, que (según es fama) está en el confín del océano. Llegaron a una ciudad con murallas de cristal, donde el aire era fragante. Ciervos de plata y caballos de oro bajaron a recibirlos y los condujeron a un árbol en cuyas ramas había más pájaros que hojas. Un día entero les fue permitido pasar en el paraíso.

De vuelta en Bretaña, los monjes buscaron en vano la iglesia en que antes sirvieron. Había un nuevo obispo, un nuevo pueblo, una nueva grey. Las cosas viejas habían muerto y habían nacido otras nuevas. Ya no conocían los lugares, ni los hombres, ni el lenguaje. Derramando lágrimas se contaban unos a otros sus cuitas, pues ya no tenían patria ni gente conocida.

Encyclopédie des Migrations Ecclésiastiques (1879)

UN ÁNGEL

Nairobi, Kenya, 11 de noviembre (AFP).— "Un ángel llegará el lunes a Asmara y dirigirá un mensaje al mundo, a las 19:30 horas exactamente." Es el propio ángel quien avisó del acontecimiento a Gabriel Simiyu, joven católico de Kenya, de la tribu de los Bakusu, y al que el viceministro de Relaciones, Robert Matano, presentó ayer a la prensa en Nairobi.

"Al atardecer del 20 de octubre, regresaba a mi hogar con un amigo ugandés, cerca de Jinja (Uganda), cuando una luz deslumbradora surgió al este. Un ángel nos detuvo. Iba vestido de blanco y parecía un etíope. Una nueva luz nos cegó y nos encontramos repentinamente en otro mundo, donde el ángel nos informó de su misión y nos dio cita en Asmara", declaró Gabriel Simiyu.

Simiyu señaló que el gobierno de Uganda había pagado el viaje a su amigo, John Egesa, y que él pedía el mismo favor al de Kenya, para poder llegar a Asmara el lunes, antes de las 19:30 horas.

1965

PROPOSICIONES

Tienes lo que no has perdido; ahora bien, no has perdido cuernos, luego tienes cuernos.

AULIO GELIO

SILOGISMO BICORNUTO

Demócrito jura que los abderitanos son mentirosos; pero Demócrito es abderitano: luego Demócrito miente: luego no es cierto que los abderitanos son mentirosos: luego Demócrito no miente: luego es verdad que los abderitanos son mentirosos; luego Demócrito miente; luego . . .

Recordado por Jorge Luis Borges

SILOGISMO DE BIAS

La mujer con quien te cases será hermosa o fea; si es hermosa, prepárate a compartirla con otro; si es fea, te casarás con una furia. No es mejor lo uno que lo otro: luego no te cases. Ahora bien; dícese que esta respuesta puede retorcerse de este modo. Si aquella con quien me case es hermosa, no será una furia; si es fea, estoy seguro de no compartirla con otro; luego debo casarme.

Aulio Gelio: Noches áticas

Le fue planteado a un sabio el siguiente problema:

—Un hombre está en un aposento, a solas con una joven a quien ama. La puerta está bien cerrada, los sirvientes duermen y el galán se estremece de deseo. Como dice el árabe: maduro está el dátil y el guardían del oasis no impide cogerlo . . . ¿Tal vez rezando con fervor podrá este hombre vencer la tentación? ¿Qué respondes?

—Quizás se salve de la joven; mas no se salvará de los murmuradores.

Saadi: *El jardín de las rosas*

¿C<small>ÓMO SERÁ</small>?

Una persona ¿es continuamente ella misma, o lo es una y otra vez de una manera consecutiva, a una velocidad tal que produce la ilusión de una estructura continua, como el parpadeo de las viejas películas mudas?

Lawrence Durrell

I<small>NVENTO COLOSAL</small>

Todo el coro del cielo y los aditamentos de la tierra —todos los cuerpos que componen la enorme fábrica del universo— no existen fuera de una mente; no tienen otro ser que ser percibidos; no existen cuando no los pensamos, o sólo existen en la mente de un Espíritu Eterno.

George Berkeley

ILUSIÓN

El hombre de un momento pretérito ha vivido, pero no
vive ni vivirá; el hombre de un momento futuro vivirá,
pero no ha vivido ni vive; el hombre del presente vive,
pero no ha vivido ni vivirá.

El Visuddhimagga

LOS PERJUDICADOS

El cielo es la obra de los mejores y más bondadosos
hombres y mujeres. El infierno es la obra de los presumi-
dos, de los pedantes y de los que se dedican a decir
verdades. El mundo es un intento de sobrellevar a unos y
a otros.

Samuel Butler: *Note-Books*

LA CONCLUSIÓN

Cierto día Chuang Tzu y Hui Tzu paseaban por el puente
del río Hao. Chuang Tzu dijo: "Mira cómo saltan los
pececillos aquí y allá, donde quieren. ¡Esto es lo que más
agrada a los peces!" Hui Tzu dijo: "¿Acaso eres un pez?
¿Cómo sabes lo que agrada a un pez?" Chuang Tzu dijo:
"Tú tampoco eres yo mismo. ¿Cómo sabes que yo no sé
qué agrada a los peces?" Hui Tzu dijo: "Puesto que yo no
soy tú y por tanto no puedo saber si tú lo sabes, también
tú, puesto que no eres pez, no puedes saber qué agrada a
los peces. Mi argumento aún conserva toda su validez."
Chuang Tzu dijo: "Volvamos al punto de partida. Me

preguntaste cómo sabía lo que agradaba a los peces. Pero cuando me lo preguntaste, tú ya sabías que yo lo sabía. Tú sabías que yo lo sabía por el hecho de estar aquí, en el puente Hao. Todo conocimiento pertenece a este tipo. No puede explicarse con ayuda de ninguna argumentación."

Roop Katthak

EL ANIMAL FAVORITO DEL SEÑOR K

Cuando se le preguntó cuál era el animal que más le gustaba, el señor K. respondió que el elefante. Y dio las siguientes razones: el elefante reúne la astucia y la fuerza. La suya no es la penosa astucia que basta para eludir una persecución o para obtener comida, sino la astucia que dispone la fuerza para grandes empresas. Por donde pasa este animal queda una amplia huella. Además, tiene buen carácter, sabe entender una broma. Es un buen amigo, pero también es un buen enemigo. Es muy grande y muy pesado, y, sin embargo, es muy rápido. Su trompa lleva a ese cuerpo enorme los alimentos más pequeños, hasta nueces. Sus orejas son adaptables: solo oye lo que quiere oír. Alcanza también una edad muy avanzada. Es sociable, y no sólo con los elefantes. En todas partes se le ama y se le teme. Una cierta comicidad hace que hasta se le adore. Tiene una piel muy gruesa; contra ella se quiebra cualquier cuchillo, pero su natural es tierno. Puede ponerse triste. Puede ponerse iracundo. Le gusta bailar. Muere en la espesura. Ama a los niños y a otros animalitos pequeños. Es gris y sólo llama la atención por su masa. No es comestible. Es buen trabajador. Le gusta beber y se pone alegre. Hace algo por el arte: Proporciona el marfil.

Bertolt Brecht

Tomado de *Crónicas del Reino del Dragón Eterno,* siglo XIII.

Lu Dse Yan enamoraba a la hija de un funcionario de estado; pero la muchacha tenía quince años menos que él. Lu Dse Yan no era viejo precisamente: contaba 30 años, y era un joven erudito autor de un tratado sobre cómo evitar las inundaciones en los campos.

—Lo que pretendes es imposible —le dijo un día Lin Po, la hija del funcionario—; yo tengo 15 años y tú, 30. Demasiadas primaveras nos separan.

—Realmente no es mucha la diferencia —contestó Lu Dse Yan—; cuando tú tengas veinticinco años, yo tendré cuarenta, y la gente no podrá menos que alabar la buena pareja que formaremos.

—Cuando tú tengas 45 —respondió la muchacha—, yo tendré apenas 30, y la gente no podrá menos que decir: "Mirad qué pareja: ella joven, el viejo."

—Cuando tú tengas 45 —afirmó el joven erudito—, yo 60, y para entonces no habrá quién sospeche de la diferencia entre nuestras edades.

—Cuando tengas tú 65 —dijo de nuevo ella—, yo tendré 50, y deberé de ayudarte a caminar.

—Cuando seas tú la que tenga 60, celebraré yo mis tres cuartos de siglo llevándote al Templo de Confucio en Ch'u-fu.

—Si llego yo a esa avanzada edad —contestó ella— tú tendrás ya 90 años y deberé alimentarte como a un niño.

—De cumplir tú los 85, seré yo quien te ilumine con Tao.

—Para entonces —replicó la dama— estarás en los cien años, y pasarás el tiempo tendido al sol, sin ánimos para nada.

—Entonces —terminó Lu Dse Yan— la gente habrá dejado de pensar en la diferencia de edades, y sólo exclamará: "Mirad a ese viejo erudito y a su vieja mujer: ambos se cuidan y se aman como si fueran novios." Y entonces el Nieto del Cielo y la Doncella Tejedora, al juntarse el séptimo día de la séptima luna en la Vía Láctea, harán que podamos quedar como marido y mujer de encarnación en encarnación.

Alvaro Menén Desleal: en *Cuentos breves y prodigiosos*

ÍNDICE

Advertencia 7

ENIGMAS

Página asesina, Julio Cortázar 9
La advertencia, R. F. Burton 9
El que no tiene nombre, Fermín Petri Pardo 9
El castillo, Diderot 10
La voz, Evangelio de Eva 10
El velo, Plutarco 10
El enigma, Voltaire 11

ALGUNOS SUEÑOS

El sueño de la virgen, Tomás Arauz 12
El dinosaurio, Augusto Monterroso 12
Parodia siniestra, Carlo Antonio Castro 12
La prueba, S. T. Coleridge 13
El principio, Oscar González 13
La creación de Eva, Álvaro Menén Desleal 13
El sueño de Chuang-Tzu, Hebert Allen Giles ... 14
La incrédula, Edmundo Valadés 14
Un sueño, Bettina 14
Traspaso de los sueños, Ramón Gómez de la Serna   15
¿Por qué?, Edmundo Valadés 16
El cuento soñado, Álvaro Menén Desleal 16
Los cuartos infinitos, Gabriel García Márquez ... 17
Termidor, José Rafael Blengio P 17
De sueño, Giovanni Papini 18

La pesadilla, Agustín Cortés Gaviño   18
¡Es un sueño!, Rubén Darío César   19
Río de los sueños, Gustavo Sáinz   19
La sentencia, Wu Ch'eng-en   20
El ciervo escondido, Liehtse   20
Sueño infinito de Pao Yu, Tsao-Hsueh-Kin   21

INSOMNIOS

En el insomnio, Virgilio Piñera   23
Juego infinito, Gabriel García Márquez   24

DE FANTASMAS

Escalofriante, Thomas Bailey Aldrich   25
Cordelia, Francisco Tario   25
Despertar, Nicio de Lumbini   26
Final para un cuento fantástico, I. A. Ireland . . .   26
Un huevo, Anónimo   26
Fantasma sensible, Lieu Yi-king   27
¿Sería fantasma?, George Loring Frost   27
Pregunta, James Joyce   27
La casa encantada, Anónimo   28

ESPEJOS

Al revés, León Bloy   29
Yo vi matar a aquella mujer, Ramón Gómez de la
   Serna   29
La mudanza, Marcos Ricardo Barnatan   30
La dama frente al espejo, Álvaro Menén Desleal .   31
El espejo de viento-y-luna, Tsao Hsue-Kin   32

Insólita

A gusto, A. Norge 34
Señales, Julio Cortázar 34
Antepasados, Martha Yera 34
De suicidios, Florentino Chávez 35
La ciudad y un fósforo, Ricardo Lindo 35
El señor que tenía algo en el ojo, Jules Jouy 36
La estatua, Luciano de Samosata.............. 37
El otro diablo, Franz Kafka 37
El autor, Francisco Tario 38
La mala memoria, André Bretón 38
Muerte de Utopo, Pedro Gómez Valderrama 39
Los nuevos hermanos siameses, Oscar Wilde 40
Culpable, Edmundo Domínguez Aragonés 40
No interesaban, Francisco Tario 41
¡Ése soy yo!, Ramón Gómez de la Serna 41
Legítimo, Giuseppe Faggin 42
De L'Osservatore, Juan José Arreola 42
Afrodisiaco singular 42
Éxito, Adam Kreczmar 43
Dióscuros, Julio Cortázar 43
El rayo, Eulalio Guillow 43
Ajedrez, José María Méndez 44

La buena lógica

Profano, Antonio Rodríguez 46
La astucia de Morgon-Kara, Joseph Campbell ... 47
Lágrimas, Gastón Bachelard 47
Mal hombre, Ramón Gómez de la Serna 48
Exactitud, Jean Cocteau 48
Piedad de Indra, James George Frazer 48
Estrategia, Ambrose Bierce 49
Mujer cara, Aulo Gelio 49

Tres hombres en el bosque, Zimmer 50
Cuento chino, Herbert Allen Giles 50
Teoría, Bertrand Russell 51
El sol, James George Frazer 51
El retrato, Jules Renard 52
Necedad, Juan de Timoneda 53
Teléfono mágico, Jean Cocteau 53
Tienen el nombre, Eraclio Zepeda 54
Inobjetable, Erich Auerbach 54
La nave, Nicio de Lumbini 55
Yo nunca insulté a las meseras, Harry Golden ... 55
Gregario, Chao-Nan-sing 56
El informe, Jules Renard 56
La confesión, Manuel Peyrou 57
Se daba su lugar, Rita Acevedo de Zaldumbide . 58
Irrebatible, en *Las mil noches y una noche* 58
Sansón y los filisteos. Augusto Monterroso 58
Descontento, Oscar Wilde 59
Buen "show", Samuel Johnson 59
Preciso, Hernando Pacheco 60
Lógica infantil, André Gide 60
Los brahmanes y el león, en el *Panchatantra* 61

Anti-Historia

Aviso, Salvador Elizondo 63
Penélope, Olga Harmony 64
"Blasfemia I", Daniel Barbosa Madrigal 64
Circe, Agustí Bartra 65
Así empezó, Pedro Álvarez del Villar 65
Lot, Olga Harmony 66
Cleopatra, Salvador Novo 66
El emperador de la China, Marco Denevi 67
La espada de Damocles, Gabriel de Lautrec 67

Sobre mujeres

Lo mismo, Plutarco 69
Matilde, Giuseppe Marotta 69
Una viuda inconsolable, Ambrose Bierce 70
Las persas, Plutarco 70
Compensación, Eruvín 71
Antiminifaldista, Honorato de Balzac 71
Drástico, Leyes de Manú 71
El misógino, Max Jacob 71
La aventura, Alfonso Ibarrola 72
¡Si no hubiera otras!, Paul Corey 73
El visón, Christiane Rochefort 73
La infiel, Eduardo López Rivas 73
Promesa cumplida, Voltaire 74
Justicia, Pastoret 74
Supersónicas, Paul Morand 75
Mujeres, Julio Torri 75
Mejor casados, Aulio Gelio 76

De amor

Hombre y mujer, máxima persa 77
De amor, Jaime Sabines 77
Floración, Erskine Caldwell 78
Teléfono, Sacha Guitry 79
Los cíclopes, Julio Cortázar 79
El pulpo, Elena Milán 80
A la Gioconda, Efrén Rebolledo 80
Excesivo, Jules Renard 81
La venia, Drummond 81
Petición, Jaime Sabines 82
Declaración, Thomas Mann 82
Tres días, Chamfort 83
Dionisiaca, Salvador Elizondo 83

La más pura, Henri Barbusse 84
El baile, Pedro Orgambide 84
El reflejo, Delfina Careaga 85
La tumba india, José de la Colina 86
Amor chino, Henri Michaux 87
Vasentasena, Enrique Gómez Carrillo 88
Mi primer amor, Sacha Guitry 88
Otzumi, Enrique Gómez Carrillo 89

RETOZOS

Jus primae noctis, Manuel R. Campos Castro ... 91
La Venus de Milo, Salvador Novo 92
El monstruo, Jules Renard 92
No es lo mismo, Jules Dubosc 93
Error, Achille Campanile 93
Del panegírico, Enrique Heine 94
Picardía, Herbert Allen Giles 94
Casi, Enrique Anderson Imbert 94
Chuluapan, Juan José Arreola 95
Conservación de la distancia, André Gide 95
Electoral, Marcel Proust 95
Alguaciles, Francisco de Quevedo 96
Inútil, Francisco Bernier 97
El anuncio, Alexandro Jodorowsky 97
La cleptómana, Ramón Gómez de la Serna 97
La última ecuación, Gerard Klein 98

FANTASÍA VARIA

Mala suerte, Jorge Luis Borges 100
El busto, Jean Cocteau 100
El ubicuo, M. Winternitz 101
Sin fin, Pedro Durán 101

Holocausto de la tierra, Jorge Luis Borges 101
La muchacha arapaho, Dorsey y Kroeber 103
El atentado, Paul Valéry 103
Job, Salvador Novo 104
El narrador, Oscar Wilde 105
La marioneta, Edmundo Valadés 105
Las líneas de la mano, Julio Cortázar 106
El buitre, Franz Kafka 107
El padre y el hijo, Lafcadio Hearn 108
Piedad, James George Frazer 108
La araña, Feodor Dostoiewski 109
La alhaja, Jules Renard 109
La histérica, Francisco Tario 110
Personalidad dividida, Álvaro Menén Desleal ... 111
Secreto absoluto, Óscar Acosta 111
El testamento, Nathaniel Hawthorne 112
El hombre y su sombra, Álvaro Menén Desleal .. 112
Anti-Utopía, Pedro Gómez Valderrama 113

¿Exageraciones?

Imposible, Henri Michaux 114
Escotes abusivos 114
Ensimismamiento, Abraham Dantus B. 115
Como en las películas francesas, Armando Rodrí-
   guez Dévora 115
¿Dudoso? en *Las mil noches y una noche* 115
Los francotiradores, Alfonso Daudet 116
En microondas, Jorge Marín P 117
Hipótesis, Leopoldo Borrás 117

Inapelablaciones

Cuento, Ambrose Bierce 118
Trinchera, Anónimo 118

De Del Valle Inclán, Ramón Gómez de la Serna   118
A una mujer, Robert Browning   119
La partida, Franz Kafka   119
Aurea mediocritas, Tallemant des Réaux   120
Filiación de los bienaventurados, James Boswell ..   120
Devoto, Dr. Karl Menninger   120
Asiento, Juan de Timoneda   121
El veredicto, Alfonso Reyes   122

MILAGROS

Exvoto, en El Hijo Pródigo..................   123
Mejor no, M. R. Werner   123
El dedo, Feng Meng-lung   124
Acto de fe, Hebert Allen Giles   124
No valía, W. Somerset Maugham   125
Historia verídica, Julio Cortázar   125

MOTIVOS ORIENTALES

El egoísta, Simao Pereyra, S. J   126
La mujer regalada, Edmundo y Julio de Goncourt   126
El buen decapitador, revista *Siempre!*   127
El juramento del cautivo, en *Las mil noches y una noche*   128
La obra y el poeta, R. F. Burton   129
Los dos flechadores, Lie Tseu   129
Extemporáneo, Roop Katthak   130
Vertiginoso, Marenduzzo   131
El arte de cazar cigarras, Lie Tseu   131
Historia de los dos reyes y de los dos laberintos, R. F. Burton   132
Palillos de marfil, Jan Fei Dsi   133
Secta de los asesinos, P. Zaleski   133
Historia de Ts'In Kiu-Po, Kan Pao   134

El bosque verdadero, Mircea Eliade   135
Cielo fingido, Ch'iu Ch'anli Ch'un   135

DIVERTIMIENTOS

Palatables, Jorge Ibargüengoitia   137
Los senos de verdadero Sevres, Ramón Gómez de la
    Serna   137
Del aviso oportuno, en un diario parisiense de 1921   138
La modelo, André Gide   138
¿Pregunta malévola?, en *Revista de Occidente*   139
Lalemburgo, Baronesa de Munchausen   139
Laguna mental, Gustavo Meza   140
Otro tornillo, José Gorostiza   140
La esfinge de Tebas, René Avilés Fabila   141
La caída, Xavier Villaurrutia   141
¿Inoportuno?, Fernando Vela   141
Cortesía, Leo Campion   142

DE MAGIA Y DE MAGOS

Coherencia, Pitigrilli   143
Striptease mágico, Antonio Vanegas   143
Magia australiana, A. E. Jensen   143
La piedra filosofal, Libro de la Santa Trinidad . .   144
Superdotado, Menéndez y Pelayo   144
Supermagos, Cuento budista   145
Fórmula mágica, Pompeyo Gener   145
El adepto, Gérin Ricard   145
El enviado, Simón el Mago   146
Mano de gloria, L. de Gérin-Ricard   146
Mago celta, Taliesin   147
Los cuervos, Juan José Arreola   148
La protección por el libro, G. Willoughby-Meade .   148

TRANSFIGURACIONES

Metamorfosis, Ramón Gómez de la Serna 150
Triunfo social, Logan Pearsall Smith 150
El túnel del tiempo, A. F. Molina 151
Origen, Ramón Plaza 151
Poema malayo, James George Frazer 153
El lobo, Cayo Petronio Arbitro 154
Historia de zorros, Niu Chiao 155

INVENCIONES

El ojo, Jean Lorrain 157
Última hora, David Cruz Martínez 157
El vendedor de inquietudes, Carlos Díaz Dufo, hijo 157
El abrazo, Efraín Boeta S 158
El coleccionista, Alexandro Jodorowsky 158
La mujer de Hermágoras, Oswaldo Trejo 159
El hijo de perra, Erskine Caldwell 159
Los silenciosos, Massimo Bontempelli 160
Una familia muy moral, Max Jacob 161
Libertad, Emma de Yanes 161
La tribu perdida, Ana F. Aguilar 162
Los peces, José Joaquín Blanco 162
Enríquez, Aloysius Bertrand 163
Final, Edmundo Valadés 164
Beauty Parlor, Tomás Espinosa 164

HUMOR NEGRO

El dado egocéntrico, Julio Cortázar 165
En el circo, A. Norge 166
¡Ya le tocaba!, José Vasconcelos 166
Previsores, J. Huizinga 167

Ingenuo, Carlos Monsiváis 167
Cero en geometría, Frederic Brown 167
Tabú, Enrique Anderson Imbert 168
El más corto cuento cruel, Villiers de l'Isle-Adam 168
Fabulilla, Franz Kafka 169
Historia del joven celoso, Henri Pierre Cami 169
Había una vez, Javier Quiroga G 170
Aire respiratorio seco ¡envíen lágrimas!, Dámaso
    Orgaz 170

RECREOS DE CIENCIA-FICCIÓN

Fin, Fredric Brown 172
Los sustitutos, Bernard Pechberty 172
En Marte, Ray Bradbury 173
La respuesta, Fredric Brown 174
Venusinas, Pierre Versins 175
La criatura, J. Sternberg 175
El cautivo, Jorge Mejía Prieto 176
La causa, Juan Rivera Saavedra............... 177
Hindúes en Venus, cable de la France Press (1967) 177
El hijo Andrómeda, Edward Teller 178
Satélite de los otros, Pauwels y Bergier 179
Seres extraterrestres, Edward Teller 179
El regreso, J. Sternberg 179
El robot, Nicio de Lumbini................... 180
¿Hiroshima hebrea?, Pauwels y Bergier 180
El tiempo circular, Rafael Ávalos Ficacci 181

BRUJAS, BRUJOS Y EMBRUJOS

Sobre las olas, Bernard M. Richardson 183
Brujería del gato, Ramón Gómez de la Serna ... 183
El adivino, Jorge Luis Borges 184
Frustración, B. Spina........................ 184

Discordias, Giuseppe Faggin 184
La cámara mágica, James George Frazer 185
La tepa, Francisco Salmerón 185
Satanás y el fisco, Giuseppe Faggin 186
La visitante, Roberto Bañuelas 186

Mesa revuelta

Último deseo, Julio Ruelas 187
La última de las mil y una noches, José Barrales V. 187
Autorretrato, Max Jacob 188
Sabiduría, Leyenda japonesa 188
Imaginativo, André Gide 189
Nevermore, Ana F. Aguilar 189
Diógenes y el calvo, Esopo 190
Ex loco, Marcel Proust 190
Preferencias, Henri Michaux................. 190
Jardín inverosímil, André Gide 191
Coartada, Federico Fellini 191
Quemazones de vanidades, Joseph Barry 191

Prodigios

Don, Julio Torri........................ 193
Música mágica, Walter Musch 193
Hilo maravilloso, Thornton Wilder 193
Maravilla, Viaje de Maeldúin 194
La dama eterna, James George Frazer 194
Shangri-La, Luciano 194
El otro mundo hindú, en *El Ramayana* 195
La casa de Labraid, Howard Rollin Patch 195
Jauja, Howard Rollin Patch 196
¡Qué lago!, en el *Libro de Lismore* 196

Viajes remotos

Isla mágica, Howard Rollin Patch.............. 197
El anostos, Teopompo 198
Con la reina Sibila, Howard Rollin Patch 198
El reino oscuro, Howard Rollin Patch 199
La isla afortunada, Alexis Chassang 199
La última Tule, Alexis Chassang.............. 200

Zoología quimérica

Desdicha. Eugenio Zamora Martín 201
El Lochness, cable de la France Press 201
Filtro amoroso, Agencia EFE 202
Monstruo 1968, Agencia EFE 202
Otra vez "le corbeau et le renard", Álvaro Yunque 203
Salamandra, Plinio 203
El unicornio, Hay Yu 204
Los ciervos celestiales, G. Willoughby Meade 204
El caballo marino, Wang Tai-hai 205
El Kami, mitología japonesa 205
Uay Poop, Ermilo Abreu Gómez 206

Del árbol legendario

El pañuelo, W. W. Skeat..................... 207
Orfeo finlandés, Walter Muchg............... 207
Los párpados narcóticos, Pauwels y Bergier...... 208
El sable sagrado, Kodsiki 208
Flautas, mito yahuna del Brasil 209
Coloquio de los pájaros, Farid al-Din Abú Talib
  Muhammed be Ibrahim Attar 209
Dioses del cielo, F. T. C. Werner 210

El génesis

Creación, Rafael Cansinos Assens 211
Génesis hindú, en "El Etareya A'ran'ya" 211
El caos, Pompeyo Gener 212
La señora de la tierra, Ángel María Garibay K .. 213
Las lágrimas de Ashera, Levy 213
Caída del cielo, ángel María Garibay K 214

La muerte

La sorpresa, Beidhawi 216
La búsqueda, César Acosta 216
El libro de la muerte, Lord Dunsany 217

Epitafios

A Biante, Heráclito 218
Responso a Lafinur, Jorge Luis Borges 218
Epitafio, Carlos Díaz Dufoo, hijo 218
Fallido, Julio Torri 219

El maligno y los demonios

Astucia, Baudelaire 220
Apostrofía, Desiderio Costa 220
Testimonio, Basel 221
Contra demonios, Pompeyo Gener 221
"Ars Longa vita brevis", Pompeyo Gener 221
Treta 222
La tortura de Satanás, Tomás de Mattos 222
Demonología precisa, Giuseppe Faggin 223
Oposición candente, Vicente Risco 224
Gotha del Averno, Wyer 224

Imperio de Satanás, Vicente Risco   225
Monarquía infernal, Vicente Risco   226

Del averno

Penas del baratro, Cesáreo de Heisterbach   228
Elección, William Morris   228
Inferno V, Juan José Arreola   229
Paolo y Francesca, Marco Denevi   229
Las naves del infierno, en el *Dictionnaire de la*
   Conversation et de la Lecture   230
Infierno de siete pisos, en *Las mil noches y una*
noche   230
Castigo adecuado, Baronesa de Servus   231
Costumbre, Virgilio Pineira   231
De Keyserling, Alfonso Reyes   232
Sadismo y masoquismo, Enrique Anderson Imbert   232
Un demonio, Ujishui-Monogatari   233
Un infierno, Alexandra David-Nell   234
Verdadero infierno, Yü Li Ch'ao Chuan   235
El país inmutable, Rawlinson   235
Vathek, William Beckford   235
Sobre Dante, Diderot   236
El otro infierno, José Joaquín Blanco   237
Infiernito, P. Zaleski   237
Infierno duple, Vicente Risco   238
Kawelu y Hiku, Mircea Eliade   239
¿No hay más?, Mahoma   239
Visión del infierno, Jouhandeau   240
Ángeles al rojo, Tawus Al-Yamani   241
Expiaciones, Devaduta-Sutta   241
Pesador de almas, Mircea Eliade   242
El Nifleim, Edda   243
Fuego inextinguible, Lactancio   243
Bien enterado, Emmanuel Swendenborg   244

Paradisiaca

Post mortem, Du Ryére 245
Del cielo musulmán, Gibbon 245
Etcétera, Thomas Patrick Hughes 246
La feliz Horai, Lafcadio Hearn 246
Más de Horai, Lafcadio Hearn 247
Paraísos hindúes, Dubois 247
El cielo cuna, Ernesto Cardenal 248
Piedras de ángeles, Lawrence Durrell 249
El señor y las vírgenes, Agustín Yáñez 250
Tiempos distintos, en la *Encyclopédie des Migra-
    tions Ecclesiastiques* 250
Un ángel 251

Proposiciones

Silogismo bicornuto, Jorge Luis Borges 252
Silogismo de Bias, Aulio Gelio 252
El problema, Saadi 253
¿Cómo será?, Lawrence Durrell 253
Invento colosal, Berkeley 253
Ilusión, en *El Visuddhimagga* 254
Los perjudicados, Samuel Butler 254
La conclusión, Roop Katthak 254
El animal favorito del señor K, Bertolt Brecht ... 255
La edad de un chino, Álvaro Menén Desleal 256

El libro de la imaginación, de Edmundo Valadés,
se terminó de imprimir y encuadernar en febrero de 2015
en Impresora y Encuadernadora Progreso, S. A. de C. V. (IEPSA),
calzada San Lorenzo, 244; 09830 México, D. F.

El tiraje fue de 1 000 ejemplares.